中华先贤人物故事汇

卫青

胡 辉 著

中华书局

图书在版编目(CIP)数据

卫青/胡辉著. —北京:中华书局,2019.2(2019.6重印)
(中华先贤人物故事汇)
ISBN 978 - 7 - 101 - 13755 - 2

Ⅰ.卫… Ⅱ.胡… Ⅲ.卫青(? ~公元前106)-生平事迹
Ⅳ.K825.2

中国版本图书馆 CIP 数据核字(2019)第 020510 号

书　名　卫　青
著　者　胡　辉
丛 书 名　中华先贤人物故事汇
责任编辑　傅　可　董邦冠
出版发行　中华书局
　　　　　(北京市丰台区太平桥西里 38 号　100073)
　　　　　http://www.zhbc.com.cn
　　　　　E - mail:zhbc@ zhbc.com.cn
印　刷　北京瑞古冠中印刷厂
版　次　2019 年 2 月北京第 1 版
　　　　　2019 年 6 月北京第 2 次印刷
规　格　开本/787 × 1092 毫米　1/32
　　　　　印张 5½　插页 2　字数 77 千字
印　数　10001 - 30000 册
国际书号　ISBN 978 - 7 - 101 - 13755 - 2
定　价　22.00 元

出版说明

　　孔子周游列国，创立儒家学说；张骞出使西域，开辟丝绸之路；书圣王羲之，留下了曲水流觞的佳话；诗仙李白，写下了"举头望明月，低头思故乡"的名篇；王安石为纠正时弊，推行变法；李时珍广集博采，躬亲实践，编撰医药学名著《本草纲目》……

　　这些杰出的历史人物，有的是在中华民族文明进程中做出过突出贡献、对后世产生过巨大影响的思想家、政治家，有的是对中华优秀传统文化的传承传播发挥过重大作用的文学家、艺术家、科学家，有的是为国家安定统一、民族融合团结和中外文化交流做出过杰出贡献的军事家、外交家……他们为中华民族的繁荣发展做出了伟大的贡献，他们的行为事迹、风范品格为当世楷模，并垂范后世。

他们是中华民族的先贤人物。他们的思想、品德、事迹，是中华优秀传统文化的结晶。他们的故事，是对中华民族的禀赋、特点和气质最生动、最鲜活的阐释。他们的名字，在五千年中华文明史上最为光彩夺目。他们为五千年中华文明史书写了最为光辉灿烂的篇章。

为了解先贤，走近先贤，我们精心组织编写了这套《中华先贤人物故事汇》丛书。以详实可靠的史料为依据，以细腻动人的故事为载体，真实地呈现中华先贤人物的事迹、品格和精神风貌，彰显他们的贡献和功绩，以激发人们对国家民族的热爱，对中华文明、中华优秀传统文化的崇敬。

开卷有益，期待这套丛书成为你的良师益友。

目 录

导　读

卫青生活在两千多年前的汉武帝时期。

卫青出身卑微，生母是侯府下人，他又是私生子，童年悲惨。后成为平阳公主骑奴，索性随生母姓卫，取字仲卿。

这些最初的人生痛苦并没有使卫青消沉，反而激起他要改变命运的斗志。

而且，卫青身上有种永不懈怠的进取精神。他先以突出的大将之风进入汉武帝视野，后因姐姐卫子夫获宠，被汉武帝册封为皇后，身份成为外戚，但他丝毫不为荣华迷惑。在元光六年（前129），二十多岁的卫青被武帝封为车骑将军，首次率军出战，便破袭龙城，此战也成为汉朝对匈奴反败为胜的转折之战。

此后十余年间，卫青戎车七征，七战七胜，为汉朝赢得了"匈奴远遁，漠南无王庭"的有利局面，为此后汉匈边境长时间的和平打下了基础。

因战功显赫，卫青的仕途一帆风顺，从建章监一路被赐封为关内侯、长平侯，直至升为大将军，对外掌天下兵权，对内参政决议、秉掌枢机，跃为群臣之冠。难能可贵的是，身居高位的卫青始终爱兵如子，不以暴力立威，更不在朝中结党。

《史记》《汉书》《资治通鉴》等书都未记载卫青与其姐姐卫子夫生年。据推算，卫青病故时应未满五十岁。不过，从卫青立下的功绩和结果来看，卫青已出色地完成了时代赋予他的历史使命。

少年时自强不息，屡立军功后谦和仁让，都显示了卫青极为宽广的胸襟和气度。这也是他耀眼的军功之外，留给后人的充满魅力的形象。

钳徒看相

1

汉景帝后元二年（前142）三月的一个清晨，依然凛冽的寒风带着一阵连绵不绝的低啸从长空吹过，门扉和屋顶的瓦片被吹得砰然作响。昨日抵达甘泉宫的少年公孙敖，被风声惊醒时，竟无端地一阵心惊肉跳。他坐起看看天色，此时正是方亮未亮。

平生第一次，公孙敖感觉房间空旷得令人孤寂难耐。这是他从未有过的感觉。对他这样的少年来说，自然无法想得更多、更远。只不过，作为太子刘彻的侍从，他平时见惯的也都是辅佐天子的能臣干将，其中也不乏血淋淋的权力争斗。他耳中所闻、眼中所见，自然比同龄人要多上许多，其思想成熟度也不是靠年龄可以衡量的。这一次，他极为罕见地独自在甘泉宫过夜，是因为太子明日将至，命他先行入宫做些准备。

公孙敖起身推开窗子，一股寒风扑面，他不禁打了个哆嗦，只见灰色的薄雾正四处弥漫，一幢连一幢的宫室也似乎被风吹得微微战栗。一个多月前，长安地面一日三动，地震虽轻，却令人极为恐惧。在百官万民眼里，地震乃不祥之兆。

不祥的地震果然带来了震动朝野的消息。三日之前，景帝得到快马急报——匈奴侵入雁门（位于今山西代县），雁门太守冯敬出关迎敌，竟战死沙场。景帝接报后立即下旨，发车骑、材官屯雁门。为尽快增强雁门的军事力量，又赦免忻州、咸阳等地的罪囚紧急入伍。咸阳地区的犯人将先到甘泉宫登名入册。有意提升太子威信的景帝稳住心神之后，命太子刘彻前往甘泉宫办理此事。公孙敖奉太子令一骑先行，提前一日到甘泉宫准备迎候。

2

想到太子将来，公孙敖再无睡意，披衣走出居室。外面果然寒气逼人，仿佛雁门外的匈奴人正手持利刃恶狠狠地迎面劈来。匈奴人是什么样子呢？公孙敖并不陌生。在景帝上朝的未央宫正殿宣室，甚至在太子刘彻的府上，都出现过匈奴使者的身影。公孙敖绝对不会忘记，那些匈奴使者的语言、倨傲的神态，丝毫不掩饰对大汉的轻蔑。但景帝容忍了下来，太后容忍了下来，文武百官容忍了下来，他一个小小的太子侍从，又有什么能说的呢？

他心中暗想，再过几年，等自己长大了，一定要纵马扬戈，和匈奴较量一番不可。但他又隐隐觉得，自己还做不了那个发号施令、纵横大漠的全军首领。

那个人会是谁呢？

而在当下，似乎没人认为可以和匈奴一战。尽管那个曾在文帝时就不惧匈奴的上郡太守李广仍在，却也没有办法清除全部的边患。天下人人皆知，又都不敢谈论的事情，就有汉高祖刘邦遭遇的白登之围。

那还是高祖七年（前200）的冬天，韩王信勾结匈奴，企图攻打太原。高祖率三十二万大军亲自出征，想一举消灭匈奴势力，不料反被匈奴围困平城白登山达七日七夜。若不是陈平献计，以重金贿赂冒顿单于的阏氏（yān zhī），大汉的江山恐怕将易手他人。自那以后，刘邦及其子孙们知道武力解决不了匈奴，于是，和亲政策便成为朝廷安抚匈奴、维护边境安宁的主要手段。

从高祖至今，已历数代，汉朝以和亲纳币的手段倒也勉强维持了整体上的平静。然而边患从未真正解决，匈奴依旧对中原虎视眈眈。如果真有一个人，能率领大汉的千军万马，驰骋疆场，彻底让匈奴屈膝称臣，他公孙敖一定会唯他马首是瞻，俯身听命。

没错，或迟或早，一定会有这么一个人出现。堂堂大汉王朝，岂能受辱于人？

公孙敖思绪如潮，快步朝厢房走去。

3

阴郁的薄雾召唤不来太阳。公孙敖走过的每处地方，都能看见彼此距离二十步远的站岗军士。那些军士一个个面容端凝，在寒风中叉腰持戈，纹丝不动。公孙敖暗想，他们是不会前往雁门的，虽然他们也披盔着甲，职责却是在这里充当守卫。那些将前往雁门的人呢？除了各地征调未至的士卒之外，便是在这里登名入册的罪囚了。

公孙敖很想看看罪囚的样子，昨夜前来报告的卫士已经告诉他，罪囚们将在厢房登记。

公孙敖从深宫一路外出，刚刚走到靠近西宫门的空旷地时，一阵打破寂静的铁链声使他停下了脚步。

只见一个披甲的军士正挥动皮鞭，一边抽打，一边厉声对一群套枷戴链的囚犯吆喝。

公孙敖看向这些罪囚。他们一个个头发尽剃，模样看上去极为古怪。在景帝一朝，轻徭薄赋与轻刑慎罚互为交织。律法中"下死则得髡（kūn）钳"之句，意思是死刑次一等之犯人，死刑虽免，髡钳之刑却是难逃。眼前这些犯人的头发被剃了个精光，脖子被铁圈箍住，便是遭受"髡钳"之刑了。

所以，这些犯人的准确称谓应是钳徒。

公孙傲虽知他们是犯罪之人，但眼见他们如此凄惨，心中还是不由涌起一丝怜悯。

那卫士看见公孙敖站在一旁，赶紧收住皮鞭，上前谄笑请安，将这个少年直接称为"公孙大人"。

公孙敖在宫外自然见过不少溜须拍马之徒，此刻见那卫士也如此顺势拍马，懒得多说别的，径直问道："他们便是要派往雁门的？带他们过去就是了，犯不着抽鞭子。"

他又抬头看看厢房，说道："他们就是到那里登名入册？我随你去看看。"

他刚说到这里，忽然听到宫门之外传来一阵争吵之声。公孙敖很是奇怪，心想什么人如此大胆，竟敢在甘泉宫门前吵闹？他看看卫士。那卫士也神情诧异地看着他。

公孙敖皱皱眉，让卫士带钳徒们去厢房，自己则前往宫门处查看。

4

果然有人在宫门前与守卫争吵。令公孙敖诧异的是，和守卫发生争吵的竟然是两个十来岁的少年。一个少年被守卫踹倒在地，另一个体型壮实的少年正蹲身扶他。公孙敖看了后者一眼，有些诧异。这个少年虽然蹲着，却隐隐透着傲然的风骨。

两个少年都身穿单薄且破旧的衣服。

公孙敖阻住守卫骂声，好奇地问那两个少年："你们到这里干什么？"

那体型颇壮的少年见公孙敖和自己年龄相仿，却锦衣轻裘，显得富贵之极，不禁自惭形秽，见他问得客气，还是上前说道："回大人话，小人郑青，陪我邻居过来。"

说着一指那个刚刚被扶起的少年，继续说道："他听闻父亲从牢中释出，在此登名入册，明日将往雁门入伍。他与父亲多年不见，想来见见父亲。不知能否让我们进去？恳请大人成全。"

公孙敖听这自称郑青的少年谈吐，倒像是读过一些书，不由心生好感。昨日到甘泉宫以来，人人都称自己为"大人"，总觉好笑，于是说道："我不是什么大人，我叫公孙敖。你们是哪里的？"

郑青仰头看他，说道："我们是平阳人。家父郑季，供职于平阳侯家。"

公孙敖有些奇怪，脱口说道："你父亲在侯府为吏，怎么你是如此模样？"他随太子见惯官差，便是小吏之子，也从未有谁如眼前人这般贫衣寒裤。

郑青脸上闪过一丝无奈之色，音调却是没变："蒙大人垂问，此乃小人家事。"

公孙敖见郑青始终不卑不亢，有种与年龄颇不相称的稳重，不觉心生亲近之意，想起刚才见到的那群囚犯模样，一时不忍，对守卫说道："他父亲明日便要去雁门入伍，怕是回不来了，就让他们进去见一下吧。"

守卫面有难色，心想甘泉宫岂可随意任人出入？万一出事，谁能担起干系？

公孙敖像是看出守卫心意，便说道："我自陪他们进去，再与他们出来，很快的，碍不了事。"

5

公孙敖带着郑青他们进得宫来。方才那哭泣的少年被宫内的开阔与堂皇震惊得张大了嘴巴，而郑青对眼前出现的重重宫室似乎毫不在意。

公孙敖留意郑青，暗暗称奇。

此刻那些钳徒已被卫士赶至登名入册的厢房。

三人走到门前。公孙敖命守卫打开房门，和郑青一起前来的那个少年已迫不及待，房门一开，立刻冲了进去。郑青到门前停下步来，没有随他入内。

公孙敖见郑青压根就没想进门，颇感诧异，问道："你不进去？"

郑青朝门内投去一眼，见里面的钳徒站立数排，和自己同来的那个少年已找到父亲，正与父亲拉手哭泣。他漠然说道："我不喜欢看父子相逢的场面。"

公孙敖闻言，忽然笑了，说道："我明白了，你父亲并未善待你，不然，他供职于侯府，怎么连像样的衣着都不给你添置？"

公孙敖的问话虽触动了郑青的内心，他却只淡淡作答："家父对家人甚好。"公孙敖总觉得哪里不对，一时又说不上来，只觉这个郑青有股说不出的吸引力，禁不住想和他多说几句话。郑青却像是满腹心事，对公孙敖的话总像没听在耳中。

6

厢房房门一直未关，不少钳徒好奇门外这两个衣着迥然不同的少年，都在打量着他们。

郑青将视线转向房内时，总觉得其中一个钳徒目不转睛地看着自己，微感好奇，便忍不住多看了对方一眼。

那人与其他犯人没什么两样，年纪看上去已然不小了，他见郑青也看着自己，目光中现出惊诧之色，然后像下定了决心一样，移步朝郑青和公孙敖走来。

这一次，不仅郑青，连公孙敖也奇怪起来。

那钳徒慢步走到门边，也不看公孙敖，对郑青忽然一笑，说道："这位小哥，我看你眼下落魄，却是器宇不凡，相貌更是独特，应该大有前程。"

他此言一出，郑青和公孙敖都不由一愣。

郑青回看对方，说道："这位大叔，你说的不是我吧？"

那钳徒侧头看了公孙敖一眼，嘴里嘿嘿笑道："这位公子日后起落无常，不说也罢。"

他仍掉头细看郑青，然后说道："看小哥乃贵人之相，日后必晋爵封侯，贵不可言。"

素来沉稳的郑青闻言，不禁笑道："我身为人奴，能不受人打骂，便是万幸了，哪里谈得上将来封侯？"

那钳徒仍是嘿嘿说道："这世上任何落魄之人，都不敢妄想自己以后将会如何。然我看人，还从未出过差错。"

接着这个钳徒又如世外高人一样地总结道："我终生将为人所役，你却不会毕生为奴，数载内必有变化。"说罢微微点头，转身重入厢房。

郑青和公孙敖看着那钳徒的背影，都吃惊不已。公孙敖毕竟是宫内之人，见闻比郑青多得多。包括高祖刘邦和吕后在内，那些击秦败楚、打下汉室江山的文臣武将，有很多在年轻时被方士看过相，应验的也有不少。

这时，进房与父告别的那个邻居少年终于擦泪出来，郑青便对公孙敖再次躬身致谢。公孙敖将他们带回到宫门前，另外那个少年见公孙敖衣着华贵，气度非凡，连说个谢字的勇气也没有。

二人转身离开。公孙敖久久看着郑青背影，嘴里自言自语地说道："封侯？只怕连我都封不上。不过，看他样子，以后倒会是一条好汉。"

归 家

郑青给了公孙敖不一样的感觉，是因为郑青有着不同寻常的身世。

在郑青的记忆里，自己幼时生活在一幢气派威严的府邸中。从内到外，庭院空阔，一间一间的房屋连绵不绝。他从来没数过这座府邸究竟有多少间房子，他只知道，有些房子是他可以去的，有些是他不可以去的。

在府里，所有人各司其职，井然有序。他很小就已经知道，这座府邸不是他们家的房子，尽管他和母亲、姐姐都住在这里，但母亲也好，姐姐也好，都不过是府邸里的奴仆。所以，他也是府里的奴仆。

这座府邸的主人是随高祖刘邦起兵，战功赫赫的开国功臣曹参的曾孙，平阳侯曹寿。曹寿的妻子是景帝第二任皇后孝景皇后的长女阳信公主。嫁平阳侯后，改称为平阳公主。不论在府中何地，郑青每次看见曹寿和平阳公主，也和所有的下人一样，垂手弯腰、恭恭敬敬。他们总像没听到似的对他视而不见，只有心情很好的时候才会看他一眼，从鼻孔里"嗯"出一声。郑青那时不会觉得自己受到了侮辱，他们对其他的奴仆都这样一视同仁。郑青很模糊的感觉是，他这辈子不可能成为像曹寿这样的达官贵人，他觉得无论怎样，自己也做不到在他人面前抬眼向天。

2

和同龄孩子不一样的是，郑青从小骨骼粗壮，吃得多，长得快，四五岁的年纪，已有七八岁孩子那样高，力气也大过同龄人，与他年龄相仿的男孩没一个能打得过他。然而有一天，他出门给侯府运一车木柴，快到大门时，一个与他曾有过节的男孩忽然从墙角朝他扔来一块石头。郑青躲避不及，被打中肩膀。他很生气，跳下车来，准备回击对方一顿拳头。不料，那个男孩儿轻蔑地说道："有本事把你爹爹叫来！"

拳头很硬的郑青被这句话打倒了。他早就发现，在他认识的玩伴中，只有他是没有父亲的。

他一边握紧了拳头，一边又觉得混乱和迷惘。回府后，郑青到厨房抡起斧头劈了整整一天木柴，宣泄着内心说不出的痛苦。

晚饭后，他没有回自己的住房，而是径直前往母亲和姐姐卫子夫的房间。

一进房间，郑青劈头就问母亲："我没爹爹吗？我爹爹在哪里？"

3

母亲卫媪被郑青的话问到了伤心处。原来她在侯府做事时，被在侯府供职的郑季勾引，怀孕生下郑青。与她私通的郑季发现自己偷香窃玉的后果严重，立刻来了个鞋底抹油，将儿子郑青扔在侯府不闻不问。

儿子的发问使卫媪停下了手中针线。她站起身来，目光哀伤地看着儿子，久久不能回答。

姐姐卫子夫也被弟弟的问话惊住了。她懂事早，在侯府当歌女，对母亲的事情知道得一清二楚。但母亲的事，她这个做女儿的也不能去说什么。

卫媪看着儿子，往事一幕一幕在脑中掠过。曾经和郑季的花前月下，海誓山盟，如今像是一个笑话。她早已明白，那个看上去一表人才的郑季不过是为满足自己的私欲而对她虚情假意。她并不后悔和郑季的私情，后悔的只是生下了这个儿子。儿子从小跟着自己在府里受人白眼，卫媪的痛苦从来不敢流露，能够安慰她的只有和自己同在侯府的女儿卫子夫。

此刻，母亲的沉默让郑青更加痛苦。在儿子的一再追问下，卫媪终于下了决心，她不能让儿子没有父亲，更不能让儿子一辈子做着低贱之事。

她将手中那件给儿子缝了一半的衣服放到桌上，说话的声音充满哀伤："既然你那么想见你爹爹，我明日就带你去见他。"

郑青眼睛发亮，呼吸也变得急促起来。卫子夫
在一旁，默默地看看弟弟，又看看母亲。

4

郑季的住所与侯府相距不远。原野青绿，溪流
淙淙，还有牧童在放牧牛羊。天蓝云白的景致使郑
青心思荡漾。他一直奇怪，为什么父亲从来不去侯
府看他呢？然而当郑青见到父亲的那一刻，他内心
的激动就在刹那间烟消云散了。

眼前的郑季人虽高大，却脸色阴沉。他对郑青
母子冷冰冰地扫过几眼，眼神中是丝毫不加掩饰的
厌恶。郑青还看到，父亲眼中另有一丝难以觉察的
恐慌。

一股难言的凄怆将郑青的心抓紧了。他看见了
父亲，但是父亲和母亲却像从来就不认识的陌生
人。郑青的内心被一点一点撕裂。

卫媪告诉郑季，这就是他的孩子，她把孩子送
过来，希望他能看在是自己亲生骨肉的份上，待这

个孩子好一点。

卫媪走了。郑青面前出现了另一个女人，她是郑季的原配夫人，对着郑季就是劈头盖脸地一顿臭骂。刚才对他们母子还冷冰冰的郑季，在妻子的跋扈面前赔起笑脸，顾左右而言他。

郑青头脑发呆，只觉从未体会的孤独和无助将自己笼罩。然后，他看见父亲转身去拿了一根牧羊鞭子，并冷冷地说："家里的老羊倌正好昨日死了，今天开始，你便放羊去吧。"

眼泪又一次涌到眼眶，郑青倔强地告诉自己，绝不能哭。

他接过鞭子，只问了一句："羊在哪儿？"

5

对此刻的郑青来说，一切变化来得太快。他在侯府，虽然干着下人的力气活，遭受一些白眼，但毕竟卫媪会给他疼爱，姐姐也会时常照顾他。

如今他到了父亲家，却再也不知温暖是何物。

郑季的老婆随时都会打骂他，郑季的三个儿子更不把他看成兄弟，而是将他当奴仆一样使唤。

转眼之间，郑青在父亲家里牧羊已有两三年，唯一愿意和他在一起的是邻居家的牧童。那牧童的父亲因罪入狱，不得已牧羊。

有一天，牧童说自己的父亲将在甘泉宫登名入册，去雁门入伍，便拉着郑青一起去甘泉宫。在宫内被钳徒看相之事并未在郑青心里引起什么波动。在他看来，自己这辈子无论怎样，都和封侯扯不上关系。

6

那天回去后，郑季的妻子见郑青竟然整整一天没管理羊群，不由勃然大怒，拿出长长的家法棍棒要狠揍郑青。此时年纪虽小，身材却已长大的郑青再也不愿忍受，一把将棍棒夺过。郑季的三个儿子纷纷上来帮助母亲，想给郑青一顿猛揍。

挨了几拳的郑青终于摆脱郑家三兄弟的拳脚，开门冲了出去。天地茫茫，他只觉得无自己的容身之地。痛哭一阵之后，他想起了自己的生母卫媪，

回到生父家中的卫青，并未得到像样对待，只被安排每日放羊。

母亲不会不要自己的。

郑青决心一下，拼命往侯府跑去。他离开侯府已经几年了，具体的方位还大致记得。

卫媪没想到离开自己数年的郑青还会回来，她看着已长得高高大大的儿子，不由得惊喜交集。郑青忍住了眼泪，对卫媪说："母亲，我回来了，我不想再回去，也不想姓郑，从今天起，我就叫卫青了。"

卫媪看着儿子，不禁泪眼婆娑。几年的思念，几年的牵挂，在这一刻得到了全部的释放。她看着儿子，说道："你是我的儿子，你就叫卫青。"

卫家有女

1

这一年，已到了汉武帝建元二年（前139）。

上巳节到来。上巳节就是三月上旬的巳日，这一天人们多在水边饮宴、郊外踏青。

汉武帝带同公孙敖等骑郎，亲自到霸上（今陕西西安东）被禊（fú xì）。所谓被禊，就是去野外水边沐浴，以求祛病免灾。

那天武帝返回时游兴未尽，想起很久没见过大姊平阳公主了，便下令起驾到平阳侯府去见见姐姐。

平阳公主听说当皇帝的弟弟将亲临府上，十分兴奋。自弟弟登基之后，她见弟弟的次数已越来越少。但宫内的点点滴滴都有人来平阳侯府禀报。她的关注核心是陈皇后一直未能生下龙子。

皇帝是需要笼络的，哪怕他是自己的同母弟弟。平阳公主的姑姑馆陶长公主当年常给景帝进献美女，地位日益尊崇，自己也不妨效法一二。于是，当汉武帝进入平阳侯府后，平阳公主即刻摆开筵席，同时命养在府中的一群花枝招展的少女前来面圣。

汉武帝见平阳公主如此用心，自然龙颜大悦。意外的是，当这些少女在武帝面前一个个出现之后，平阳公主的心情渐渐忐忑起来。她见弟弟对这些少女没一个表示出兴趣，到后来干脆转过头去，只顾饮酒。显然在皇帝眼里，这些少女与后宫国色相比，不过是些庸脂俗粉。

平阳公主挥手让这些少女退下，接着她命府中的歌女来给皇帝献歌跳舞。这一次，汉武帝的眼光被一个长发如瀑的歌女吸引住了。

那歌女正是卫青的姐姐卫子夫。

卫子夫娇喉宛转，长发迷人。武帝不知不觉，被卫子夫迷住了。

武帝眼睛在看卫子夫歌舞，嘴里在问："这歌女是何人？"

平阳公主轻轻一笑，说道："她是平阳人氏，名叫卫子夫。"

武帝从未见过宫中哪位嫔妃的头发如卫子夫那样飘飘如瀑、光可鉴人，不禁脱口赞了一句："发长不蒙尘，好一个平阳卫子夫！"

眼见武帝兴致渐浓，平阳公主不失时机地说道："若是陛下看中此歌女，那就将她送与陛下如何？"

年方十八岁的武帝的脸上露出了微笑，缓缓点头。

2

此刻，身为天子骑郎的公孙敖等人在外室饮酒，奉命前来作陪的是公主的侍从。公孙敖看见当先进来的骑奴身躯挺拔、眉目刚毅，举手投足的气度与跟在他身后的骑奴颇为不同，不禁仔细看了过去。

那人正是卫青。

公孙敖的容颜变化不大。卫青一见公孙敖，也不由一愣，随即想起数年前在甘泉宫与他相遇之事，不禁露出喜悦之色。公孙敖也自然认出此人便是当年的郑青。两人都是少年，再度见面的缘分使双方都异常高兴。在公孙敖的询问之下，卫青告知，母亲已在一年前病故，他在平阳侯府给公主充当骑奴已经三年有余了。两人说得投机。当武帝终于起驾回宫时，公孙敖和卫青都看见卫子夫竟然跟着武帝出来，同登帝辇。卫青不禁脱口轻呼："我姐姐怎么和陛下在一起？"

公孙敖即刻竖起食指在嘴边"嘘"了一声，低声道："陛下召你姐姐进宫，你也很快有进宫的机会了。"公孙敖脸上一笑，继续低声说道："我也会在陛下面前举荐你的。"

那一刻，卫青只觉发生的一切恍如梦境。

3

卫青记得三年前，母亲犹豫再三之后，终于硬起头皮，带着他去见了侯府的女主人平阳公主。

公主对卫媪素来不喜，见她带人来见自己，对卫青只冷冰冰地扫视一眼。

受过苦难的人总是比寻常人要敏感。公主虽只扫他一眼，卫青一下子便捕捉住公主眼里闪过的一丝惊异。卫青能够感觉到，自己虽然年少，却以异常强健的体魄唤起了公主的惊讶眼神。果然，公主在扫过一眼之后，淡淡地对卫媪说："你在侯府也很多年了，你儿子小时候也算是侯府中人，就让他做我的骑奴吧。"

所谓骑奴，就是有资格在公主身边骑马护卫的奴仆。在侯府之中，这是最高级别的下人了。卫青母子不由得都感到喜悦，跪下谢恩。

从那一天开始，卫青有了自己的马匹、长戈、佩剑与铠甲。他当然知道，自己能成为骑奴，仅仅是因为体魄强健。幸好他已然识字，也读过书。然而这些对他还远远不够，要想在一众骑奴中出类拔萃，非得文武兼修不可。

于是，在成为骑奴之后，卫青刻苦习武、发奋修文。不到一年，卫青的武艺在侯府骑奴中已独占鳌头。他对书籍也有天生的领悟，尤其侯府中所藏的《孙子兵法》等兵书，卫青更是读得入迷。这是其他骑奴既无法理解，也无法做到之事。

平阳公主偶然发现卫青竟然对兵法也无比熟知，心中大为惊异。她不太明白，这个勇武的少年怎么会对行军布阵的兵书有如此兴趣。不过，他既然有兴趣，又并未耽误身为骑奴的本分事，让他多读一些也无害处。

她那时不会知道，自己的一生会和这个骑奴结下怎样的缘分。

4

在那个上巳节的春日下午，卫青随众人站在平阳公主身后，看着姐姐跪辞平阳公主，居然被素来高傲的公主微笑着扶起，还在他姐姐耳边说了一番话。然后，他又看着姐姐被年少的皇帝带走，竟然与天子同车而行，卫青惊异得无可名状。

在天子的帝辇之后，策马跟随的公孙敖回头对他露出一个意味深长的微笑，卫青心中不禁升起一种模糊而又隐秘的盼望。

自母亲死后，他便是与同母异父的姐姐在侯府相依为命。另外的两个姐姐和一个哥哥都不在侯府。在府中，姐姐当歌女，弟弟当骑奴，也算是有些地位的下人了。

平阳公主一直诧异自己身边的这个少年骑奴。当她看着帝辇和浩浩荡荡的随从队伍远去后，回头见卫青还呆呆地看着武帝消失的方向，不禁难得一见地对卫青笑道："你姐姐今日随陛下入宫，你是不是也想入宫啊？"

卫青听见公主说话才反应过来，拱手答道："小人只想时时护卫公主安全。"

平阳公主脸上浮起一丝微笑，说道："这可说不定，你姐姐若是得宠了，你也就跟着一步登天了。"

卫青拱手不答。

5

卫子夫走了，卫青在侯府中再也没有亲人。不过，数年磨炼，卫青早已变得独立和坚强。他无从想象姐姐入宫后的生活，更不知道年少的皇帝是否会宠爱姐姐。然而卫青明白，他若要改变自己的命运，最终依靠的，只能是自己的强大。

逆境对弱者来说是深渊，而对强者会成为激励。

卫子夫入宫后没有半点消息传到侯府。卫青除了公主在出行时跟随护卫之外，每日仍习武修文，发奋不辍。

一年后的一天，侯府忽然来了几个宫中宦官。当先一人手捧卷成一卷的金黄色布帛，进来便喊："平阳侯曹寿、平阳公主听旨。"

曹寿和平阳公主双双跪在地上接旨。接过旨后，夫妻二人不由互相交换一个眼神。曹寿眼中是一片迷惘，平阳公主的眼中却是颇为安定，似乎刚才的圣旨没有出乎她的意料。

送走传旨宦官之后，平阳公主立刻命人叫来

卫青。

看着在自己面前垂手站立，却不失气概的卫青，平阳公主认真地端详了片刻，慢慢说道："卫青，你当我骑奴已经四年了，方才我和平阳侯接到圣旨，令你前往建章宫当差。"

卫青暗暗一惊，不明白自己一个普通骑奴，如何会让皇帝亲自下旨。是因为姐姐卫子夫吗？还是公孙敖？这些他都不得而知。卫青知道的是，从平阳侯府前往建章宫，是自己命运的一个改变。至少，他不再是某个人的奴仆，而是可以领薪俸的当差之人了。

6

建章宫在长安城外上林苑中。卫青独自前往报到。这座庞大的宫殿使他想起数年前见过的甘泉宫。他当日进入甘泉宫时，总觉得那是和自己发生不了半点关系的宫殿，连多看几眼的念头都没有。此刻不同了，建章宫是他当差之地，他崭新的人生将从这里开始。

祸福相依

1

　　身为小吏，自然难以知道深如海的宫中发生着什么。仅就上林苑来说，其规模远远超过卫青熟悉的平阳侯府。卫青进入建章宫之后，陡然觉得自己渺小如沙粒。

　　他更不知道，建章宫内新建的期门军是汉武帝为确立中央军的优势地位而建。汉武帝刘彻登基时不过是十六岁的少年，朝中大权还掌握在年事已高的窦太后手中。所以，汉武帝一方面韬光养晦，一方面着手建立自己的亲信武装，培植势力。期门军便是武帝亲自强化的贴身近卫。

卫青在此开启了他的军旅生涯，也找到了他的人生归宿。

卫青来到军中，仿佛对此有着与生俱来的熟悉感，对军营生活与军事训练抱有极大的热情。

令卫青最感欣喜的是，因武帝会时常到建章宫视察军队，他和公孙敖见面的次数逐渐增多。两人年龄相仿，意气相投，每次见面都相谈甚欢。某日趁武帝心情不错，公孙敖不失时机地引卫青到武帝面前。

当日卫子夫被武帝带出平阳侯府时，卫青只远远看过武帝，此刻才算是第一次见到了大汉王朝的真正主人。

2

武帝听公孙敖说面前的卫青是卫子夫弟弟时，微笑起来，说道："让朕看看。"卫青跪地，抬起头看着武帝。武帝看了一眼卫青，见其身体强健、脸上充满刚毅果决之气。此刻，他们二人虽一个跪伏于地，一个背手站立，但从彼此一眼的交流中，已感觉对方是自己命运里不可或缺之人。

"觉得朕的期门军如何？"

"回禀陛下，期门军人人骁勇，足可御敌。"

"仅是御敌吗？"

"臣斗胆建言，陛下应在此大量训练骑兵。"

"何出此言？"

"陛下明鉴，今天下四海清平，唯北方匈奴骑兵强悍，屡犯我大汉边境，若陛下训练出十万铁骑，便可绝匈奴之患。"

武帝不再发一言，只是默默地盯着眼前这个英气的青年。卫青没有回避皇帝的凝视，身形没有一丝晃动，仿佛一把铁铸的利刃，即将出鞘。

短短几句对话，如同君臣携手走到一面历史的大幕之前，他们一左一右，要将这面帷幕共同揭开。

3

那天过后，武帝命卫青在建章宫训练马匹和骑兵。上林令苏建本是卫青上司，听说卫青已得武帝亲见，虽没封赐他官职，也猜测卫青有些来头，尤其武帝身边的红人、骑郎公孙敖时常来建章宫与卫青相见饮酒，苏建哪里敢指挥卫青？

　　只过一段时间，苏建亲眼所见，卫青虽为无职小吏，却不仅在训马上有一套，在行军布阵上，更是自己望尘莫及，随同卫青一起训马布阵的军士也人人服从卫青的临时指挥和调度。

　　武帝仍是时常来建章宫观看。他没有再与卫青单独谈话，而是在高台上检阅受训的骑兵。当万马嘶鸣，人人呐喊，来回奔腾的马蹄激荡起地上的厚厚沙尘之时，武帝仍是面无表情地观望一切。看到激烈处，唯一的动作是将自己双拳紧握，压到栏杆之上。至于那些排兵布阵的演习效果，就连站在武帝身边的公孙敖，也不清楚这位日益强硬的帝王究竟是怎么一个看法。

　　武帝并未面容不悦，就已证明他对卫青的训练成果感到满意。但满意是有程度之分的，在武帝内心，卫青的训练是不是符合武帝的期望，谁也不知。

　　卫青不由暗自发誓，非得把兵士训练得让武帝满意为止。另外他心中时常涌起去探望姐姐的念头。不知道进宫一年的姐姐卫子夫究竟在深宫过得怎样？这个问题无人能回答他，他知道也不可能去问任何人。他仍旧每日在马上训练得疲惫不堪，太阳不沉，绝不休息。

在卫青眼里，这日复一日的军事训练是自己命运的起点，他更知道，如果自己稍有松懈，就很难再以卑微的身份指挥他人。卫青没有料到，也就在他日日苦练的时候，一场他从未遭遇过的巨大危险正朝他步步逼近。

4

这一天，卫青如往常一样，待月升日落之际才停住训练，收队后与苏建等人同往营帐饮酒消遣。刚刚喝得七八杯酒，帐门被掀开，一手臂流血的士卒神色惊慌地进来报告："有人在马厩盗马！"

卫青和苏建闻言，立刻停杯。二人心中十分奇怪，建章宫乃上林苑深处，从来没有外人进入，如何会出现盗马之贼？

那士卒捂住手臂，继续禀报说，刚才从马厩路过，听到里面马群乱嘶，有一个穿夜行衣的蒙面人竟忽然从马厩中骑马而出。他刚刚想要阻拦，那盗马贼竟然挥刀砍伤其手臂，策马奔去。

苏建大怒，酒杯摔地，起身便要出去。

卫青阻止了他，要亲自去追击。他即刻出帐，跨上马，朝那士卒所指的方向追去。

卫青没有带人，他料想对方只有一人，自己应付绝对绰绰有余，尤其他胯下之马，比马厩之驹快上好几倍，不怕追不上。

追不过数里，月光下果然看见前面一黑衣蒙面人正纵马狂奔。卫青一边狠狠鞭马，一边厉声要对方停住。那黑衣人回头见卫青马速极快，和自己越来越近，忽然拨转马头，朝两座宫殿间的过道奔去。卫青也即刻催马追去。

刚刚进入过道，一条绊马索陡然横起。卫青收马不住，一头从马上栽下来。两边又出现三个黑衣蒙面人。

卫青猝不及防，被那三个蒙面人摁在地上，转眼便被双臂反扭，给捆了个结结实实。

前面骑马的蒙面人也掉过马头，重新奔回。

卫青厉声喝道："你们是什么人？想干什么？"

骑在马上的蒙面人冷笑道："干什么？你是不是卫子夫的弟弟卫青？"

卫青听他开口说出自己姐姐名字，不觉一愣，说道："我便是卫青，你们是什么人？在宫内盗马，不怕砍头吗？"

骑马之人哈哈大笑，说道："砍头？告诉你小子，我们今夜前来，便是要取你人头！"

卫青奋力挣扎一下，手上绳索没能挣开，说道："我与你们无冤无仇，为什么要杀我？"

骑马蒙面人从腰间慢慢抽出腰刀，说道："要怪就怪你姐姐。"说着，他将刀举起，半空一道寒光闪动，向卫青后颈砍去。

卫青被另外三人紧紧扭住，无法动弹。眼看自己人头便要落地，千钧一发之际，陡听得破空之声呼啸而来，骑马蒙面人刀刚落下一半，只觉自己喉部一热，一股鲜血激射而出，他哼也没哼一声，只抬手碰到射穿自己喉咙的箭杆，便从马上一头栽下。

另外三个蒙面人不由惊慌莫名，只见几匹快马已经冲到面前，当先之人正是公孙敖，他收弓拔剑，和自己带来的几条壮汉直扑过去，转眼将那另外三个蒙面人制服。

卫青脱得捆缚，对公孙敖抱拳说道："若不是公孙大人及时出现，卫青此刻已经没命了。"

公孙敖哈哈笑道："还好我来得及时。"

卫青皱眉对着要取自己性命的人说道："你们究竟为什么要取我性命？"

公孙敖微微笑道："不用问了，他们每个人我都认识，都是大长公主的人！"

卫青听得这几个要杀自己的人竟然是深宫大长公主指使，不由脸上布满惊诧，随即猜到了大概的前因后果。应是姐姐承宠日深惹得妒忌，便有人拿他这个弟弟下手了。

曙　光

1

入夜，武帝正面对桌上的一卷卷竹简。数百支烛光亮如白昼，殿内根根数丈高的盘龙圆柱在烛光映射之下，将影子淡淡地投射于地。空阔的宫殿内充满一股难以言说的庄重和威严。

此时的帝国，真正的大事还不需要武帝亲自决定，他想决定也决定不了。永远没有人知道，当朝窦太后是不是有过效仿当年吕后的念头。事实是，武帝登基至今，朝政一直把持在窦太后手中。三年以来，武帝无日不想将所有权力握在自己手上。实现雄才大略的前提是拥有足够的权力。他自幼畏惧窦太后，又听命当时身为景帝皇后的生母安排，在自己尚为胶东王的幼年之时，与窦太后的外孙女陈阿娇订下亲事。这也是他终于被立为太子的原因之一。到他登基之后，陈阿娇自然而然被册封为皇后。

陈皇后的生母刘嫖，就是随母改姓的窦太后女儿，公孙敖口中的大长公主。

武帝在烛光下慢慢翻阅着奏章。帝国内部的确清平。他父皇景帝除平定七国之乱时动过干戈之外，始终以休养生息为施政核心。景帝驾崩后，给武帝留下了国库充盈的盛世江山。此刻，武帝翻阅了半天奏章，没发现哪件事需要他以雷厉风行的速度进行处理。

奏章没有翻完，一丝疲倦已如细浪般涌将上来。是的，窦太后还在，自己有必要这么勤政吗？想起窦太后，武帝内心顿感郁闷，伸手推开桌上的成堆奏章，有几卷稀里哗啦掉了一地。

武帝皱着眉头，俯身将奏章捡起，抬头看看敞开的宫门，不觉想起了卫子夫来，他顿时精神焕发，心情也愉快起来。

2

武帝拢好奏章，正想命贴身宦官传旨前往卫子夫宫室，就见门外宦官急匆匆进来，禀报骑郎公孙敖带同建章宫小吏卫青求见。

武帝觉得诧异，不知他们深夜觐见有什么急事，便命二人进来。

公孙敖和卫青疾步走进宫门。

两人跪下之后，公孙敖拱手说道："臣深夜斗胆求见，是因臣今夜杀了人，还请陛下降罪。"

武帝一愣。他对自幼跟随自己的公孙敖很是喜爱，此刻听他说居然杀了人，犯下的还是难以饶恕的大罪，不禁皱了皱眉。

武帝见卫青也跟着公孙敖跪在面前，念头一转，直接对卫青问话："是建章宫出事了吗？"

卫青回道："陛下明鉴。今夜有人在建章宫盗马，臣在追击之时，一时不察，误中对方圈套。对方不说任何理由，便要取臣性命。幸得公孙大人及时赶来，救下微臣。"

武帝眉头一皱，眼望公孙敖，说道："于是你就出手杀了他们？可知他们是什么人，竟敢在宫中盗马？"

公孙敖说道："那几个盗马贼，臣都认识，他们是大长公主手下。"

武帝不由吃了一惊，他用手指着公孙敖，问道："你没看错？"

公孙敖继续说道："臣入夜巡查时无意在窗外听到，大长公主以为皇后被陛下冷落，又不敢对深宫之人下手，便想杀了卫青，以此作为报复。臣亲见那几人蒙面出来，往建章宫而去。臣想人命关天，若先来禀报陛下，怕时间耽误，就赶紧带同手下跟上。眼见他们要取卫青人头，臣迫不得已，动手时失了分寸，恳请陛下降罪。"

武帝听公孙敖说完，不由双眉竖起，厉声喝道："她们竟敢在朕的宫室做出如此妄为之事，简直没把朕放在眼里。公孙敖，朕赦你无罪。你们平身吧。"

武帝说完，看着公孙敖和卫青谢恩起身之后，又仔细看了看卫青。

卫青虽面对君主，神色自若。

武帝一方面暗赞卫青沉稳，一方面对大长公主和陈皇后的行为感到极为痛恨。自己对卫子夫日加宠爱，没料到引起陈皇后在背后暗施阴谋。当然，陈皇后敢做出这样的事，不外乎仗着有母亲撑腰。武帝心思翻转，已经有了计较。何不利用此事来打击一下窦太后势力？想到这里，武帝挥挥袍袖，命公孙敖和卫青退下。

3

第二天上朝。

当日百官无事可奏，武帝眼望百官，嘴里对身边传旨宦官说道："传朕旨意。"

那宦官站立台阶，大声喊道："圣上有旨！"

文武百官赶紧齐刷刷跪在地上。

宦官展开手中圣旨，高声念道："圣上对有功之人加以封授。"

百官听了，不觉纳闷，都想如今四海清平，没听说有什么人立功待封啊。

只听宦官继续说道："现建章宫卫青训马练

阵，勤奋得法，封卫青为建章监，并加侍中；封卫长君为侍中；封公孙敖为大中大夫。"

百官跪在地上，听得诧异万分。他们自然知道，卫子夫目前独得武帝宠爱，然而骑奴出身的卫青竟然平步青云，来建章宫短短一年，便从小吏升为建章监并加封侍中，获得如此显贵的身份。他们心中惊异，同时也暗中冷笑卫青不过是依靠裙带关系才鲤鱼跃龙门。

唯一让百官觉得正常的是公孙敖。他们人人知道，公孙敖自幼跟随天子，如今升为大中大夫，不算什么意外。众人觉得奇怪的是，天子为什么今日的封赐都是卫氏一家？公孙敖虽不是卫家之人，但深宫虽深，难藏隐秘，百官们都知道，公孙敖和那个建章宫的卫青交往频繁，颇为亲密。

4

卫青选为建章监的消息传到建章宫，包括苏建在内的将士无不欢欣鼓舞。这些日子，他们亲眼见到卫青行军演阵的能力，早就盼望在卫青的直接统领下更上层楼。

卫青回到建章官后，苏建即刻过来道贺。

卫青对他说道："我蒙天子错爱，被选为建章监，从今日开始，我们得将建章营骑训练得能以一当十，这才不负圣意。"

苏建脸色庄重，拱手说道："属下谨遵号令！"

看着苏建走出营帐，卫青缓缓坐下。

一夜之间，自己的命运有了如此大的改变，不能不使他感到肩头担子沉重。眼下的建章营骑已达数千，这是帝国从未公开过的一支军事力量。卫青深深明白，武帝对这支骑兵寄予厚望。对卫青来说，这也是他曾为平阳公主骑奴时就隐约渴望过的事情。

这时，又有不少同僚先后进来，纷纷向卫青道贺。卫青对来人均一一谢过。

送走最后一波来客后，卫青的心绪渐渐平复，有太多的事需要一个人沉思。突交好运的人极难冷静，但最需要的也是冷静。

军中的磨炼，早使卫青超越了只为公主提供护卫的骑奴思想。军营谈论的，自然是军事。他对帝国的军事历史已是了如指掌。在文帝与景帝两朝，匈奴时有骚扰抢掠，眼下虽说边境安定，却是朝廷以大量的财宝以及和亲政策换来的。

这不可能是长久之策。对庞大强盛的帝国来说，这也是一种耻辱之策。

此刻，独坐营帐的卫青感到血液在汹涌奔流。没有哪个军人不渴望在沙场上建功立业。岂止朝廷，连建章宫里的将士也无人不知，匈奴从未臣服过大汉王朝。对帝国来说，高祖遭遇的白登之围是一笔迟早要算的账。

那是帝国最深的耻辱，是汉朝男儿心中抹不去的痛。

思绪万千中，眼看着天色渐黑，卫青点起桌上的蜡烛，在烛光摇曳中缓慢踱步，思考着建章营骑的种种优势与缺陷。是的，优势要如何发挥，缺陷要如何弥补，都在一夜间压到他的肩上。他比任何人都明白，建章营骑建立的时间尚短，所谓演习，也不过是另一种纸上谈兵，真正的战场瞬息万变，此刻的营骑将士还不足以和能征善战的匈奴武力抗衡。

5

时间倏忽而过。

卫青不敢懈怠地日日练兵。武帝对建章营骑关注得格外深切，最好的军士与马匹源源不断涌向建章宫。到建元四年（前137），即卫青被选为建章监的第二年，武帝面对常侍郎东方朔"上乏国家之用，下夺农桑之业"的谏阻，左手赐东方朔百金之赏，右手仍颁旨命大中大夫吾丘寿王继续扩修上林苑。在一旁默默观察的卫青眼里，扩修上林苑的目的，既是为了满足帝王嫔妃们嬉游射猎的需要，实际上也是武帝进一步扩大羽林军所需。

又过了两年，权倾朝野的窦太后崩逝宫中，二十二岁的武帝将她与文帝合葬霸陵之后，终于将朝中大权紧紧握在了自己手中。

血气方刚的帝王，将要施展自己的毕生抱负。

于是，一个既属于武帝，也属于卫青的时代缓缓拉开了序幕。

初战龙城

1

暮去朝来，星霜荏苒，时间到了元光六年（前129）。

四月底的一个黄昏，狂风嘶吼，风沙悲鸣。上谷郡外一匹枣红色的高头大马一路向南。骑马的是一个披甲军士，尽管沙尘混合他脸上的汗珠，让他的面容看上去有一些狰狞，可还是遮不住眉宇间的忧急之色。那匹马在主人发疯般的催促之下，四蹄狂奔。两边的群山飞快地掠到身后。当他一人一骑奔到军事驿站之时，那匹马竟累得口吐白沫，倒地而亡。

军士顾不上死马，急匆匆奔入驿站，将手中竹简文书交于站内的另一个军士。后者接过文书，立刻冲出门去，飞身跃上等候自己的马匹，开始一轮接力赛似的疯狂奔驰。

第二日，已不知经过几匹快马和几个军士，那卷尘沙犹未拭尽的文书终于送到了武帝手上。

2

武帝展开一阅，不禁陡然站起身来，右手在御案上重重一击，左手将文书狠狠掷在地上。他掷出的力量之大，竟使穿过竹简间的细绳啪的一声崩断了，一条条竹简被摔得四零八落。

第二日上朝，武帝眼望群臣，一字一顿地说道："昨夜接报，匈奴大军压境，前锋已进至上谷。众卿可有退敌之策？"武帝话音一落，眼睛已看向丞相薛泽。

薛泽虽是大汉开国功臣薛欧之后，却没有半点祖父气概，若不是行丞相事的韩安国从车上摔下受了重伤，相位还轮不到他。此人压根就不具丞相之才，其思想是不求有功，但求无过。此刻见武帝怒发冲冠，哪里敢上前说话？

武帝见文臣无言，望向武将。他不再问谁有什么退敌之策的废话，声音严厉而又果断地喝道："卫青听旨！"

卫青从武将行列中跨步而出，拱手道："臣在！"

"朕命你为车骑将军，率骑兵一万，出上谷（位于今河北张家口市）迎敌！"

"臣领旨！"

"公孙贺听旨！"

"臣在！"

"朕命你为轻车将军，率骑兵一万，出云中（位于今山西大同）迎敌！"

"臣领旨！"

"公孙敖听旨！"

"臣在！"

"朕命你为骑将军，率骑兵一万，出代郡（位于今河北蔚县）迎敌！"

"臣领旨！"

"李广听旨！"

"臣在！"

"朕命你为骁骑将军，率骑兵一万，出雁门迎敌！"

"臣领旨！"

武帝声震殿宇，群臣听得人人战栗。

看着在面前并排站立的四位将军，武帝走下台阶，说道："四年前，马邑之围未能伏击匈奴。今日出击，朕等你们得胜还朝！"

卫青等四人齐声回答："臣等一定不负圣望！"

3

这是卫青第一次率领大军出征。

有激动、有狂喜，胸腔更充满着欲振翅高飞的豪情。

从长安一路前往上谷，风猎猎、马萧萧，看着绵延身后的一万骑兵，卫青忍不住纵马飞驰，奔上一个山丘，抬头远望长空。四月，江南已是桃红柳绿，眼前的莽莽群山却仍是一片苍凉之色。是的，大汉自开国以来，在强悍的匈奴人面前从未有过一次酣畅淋漓的胜利。也许，这一次就是击败匈奴的最好时机。

长空浩荡，卫青的思绪也无边无际。他与公孙敖都是第一次领军，公孙贺身为当过陇西太守的公孙浑邪之子，早有军功立身，此次直出雁门的李广更是身经百战，堪称威信素著的一代名将。出征之时，卫青不是没听到过怀疑之词。不仅在李广那里，甚至在朝廷的文武百官那里，不少人都窃窃私语，觉得卫青不过是依靠姐姐的裙带关系才得以拜将领兵。所以，他需要证明自己，更需要为汉朝扫除边患。

他有这个信心。

这时，已作为他部将的校尉苏建策马奔到卫青身边。

苏建说道："将军此次出征上谷，匈奴骑兵强悍，万万不可轻敌啊。"

卫青嘴角浮起一丝微笑，转头凝视苏建，缓缓说道："上谷不是我军目的。"

苏建一愣，惊讶说道："将军的目的是……"

卫青将目光移向部队前锋，缓慢而坚决地说道："匈奴龙城！"

苏建听到这斩钉截铁的四个字，不禁吓一跳，说道："龙城乃匈奴人祭天圣地，一定重兵把守，我们只有一万骑兵……"

他没有说完，显是被卫青的大胆想法和将要面临的恶战惊住了。

卫青的目光继续遥望前方，仍不急不缓地说道："此次我们四路兵马出征，匈奴必会分兵相抗，兵力分散。况且这是我们主动出击，匈奴必会认为我们将徐图缓进，不敢深入，他们绝不会想到我们会直接打击他们的心脏！这就是兵法所说的，攻其不备，出其不意。"

听卫青说完这些话，苏建也不由刹那间热血上涌，拱手说道："末将誓死追随将军，直捣龙城！"

4

上谷为出塞要冲，系北长城起点，北过燕山即为茫茫沙漠，东扼居庸锁钥之险，西边的小五台山毗邻代郡，汇桑干、洋河、永定、妫河四河之水，素为匈奴南侵时志在必得之地。

卫青率军先抵上谷。

快马急报上说的匈奴先锋一个也没看见。

卫青即刻命人探问详情。得到的回报是，匈奴已探知大汉兵分四路出击，出雁门的是匈奴人最为头痛的名将李广，便调集军马，集中在雁门对付李广，连不久前进犯上谷的匈奴先锋也赶去增援。所有匈奴部队均由匈奴君主军臣单于和其弟左谷蠡王伊稚斜亲自率领，意图阻击李广。

名扬天下自有好处，但也难免树大招风。

卫青听完军情，立刻下令，部队拔营起寨，北过长城。

万骑中只有苏建一人事先知道卫青的打算。将军的每句话无异于军令，苏建自然不敢对任何人透露口风。而其他人则对卫青的命令极为不解。北出长城，就意味着他们要进入沙漠，这岂不是一次向死神靠近的行军？

但军令如山，没有人敢违抗。

卫青自己一马当先，进入沙漠。在卫青眼里，茫茫沙漠令人又恐惧又着迷。狂沙迷眼，漠风逼人。沙漠果然是天然屏障，这里没有敌方的军马，敌方也想不到汉军会进入沙漠。也有些将领开始怀疑卫青的目的是龙城，但总觉得那是无人敢想的计划。

现在，他们将亲眼证实，无人敢想的计划终于就要被人实现。

创造历史的人，都是走了一条无人敢走的路。

经过一日一夜的急行军，一万汉军终于看见了龙城所在。

卫青将腰间的利剑拔出，剑尖直指龙城，高声呼道："将士们！前面就是匈奴人的腹地龙城！为高祖雪耻的时候到了！荡平龙城！扬我天威！"

在行军中经过迷茫和恐惧的一万大汉骑兵，顿时感到热血澎湃。他们被兴奋和自己创造的奇迹唤起了斗志。一个个横戈跃马，奋力呐喊："荡平龙城！扬我天威！"随着惊天动地的喊声，一万匹战马如山洪暴发，滚滚扑向龙城。

狂风怒吼！飞沙走石！

自冒顿单于开始，匈奴人从未把汉军放在眼里。在他们看来，阻拦他们南下铁蹄的，不过是汉朝源源不断送上门的金银珠宝和如花似玉的美女。龙城虽为他们的祭天圣地，却并未像汉朝帝王们想象的那样有重兵把守。

在不可一世的军臣单于看来，没有哪个汉人能够抵达龙城。

但这一次，他失算了。

这一次，他将终生记住那个初出茅庐、英姿勃发的车骑将军卫青的名字。

5

守在龙城的匈奴军猝不及防，简直不知城外的万名汉骑是从何而至。这些大汉骑兵训练日久，无不像猛虎下山，扑向他们的世代仇敌。两方交战一处，处处刀光剑影，时时马踏连环。在锐不可当的汉军面前，匈奴兵根本无计可施。他们的主将死了，副将死了，那些从战场捡回性命的残余将士甚至不敢回城，只往自己熟悉的草原深处逃遁。

燕山月似钩。卫青终于可以抬眼凝视这大漠深处的一钩明月了。他头盔未取，铠甲未卸，身上的战袍还沾染着斑斑血迹。

一阵脚步声引他回头，只见征衣也是未换的苏建大踏步走来，脸上是压抑不住的兴奋。

苏建走到卫青面前，拱手说道："禀告将军，已统计出战果，今日交战，我军斩首匈奴骑兵七百。"

卫青没有兴奋之色，只缓缓点头。

一个真正的将领，知道在任何时候都要保持冷静，即使面对的是一场胜利。

月光从无比高远又无比青湛的夜空中投射下来。

卫青又一次抬头，一颗泪珠忽然从他眼角渗出。

苏建不禁惊异。

只听卫青慢慢问道："我方军士损失如何？"

苏建只觉心中大震，眼前这位战场上冷静果毅的车骑将军竟会在全军尽情欢呼的时刻为死去的将

卫青首战龙城，旗开得胜。

士感伤。

他还没有回答，又听卫青说道："再去统计一次，一个也不要漏了。对每位捐躯的将士，要好好抚恤他们的家属。"

苏建躬身说道："末将领命！"

7

凯旋了！

这是武帝即位以来，第一次对匈奴主动出击取得的胜利，且这第一战便直捣匈奴腹地，这对忍受匈奴侵扰多时的汉庭来说是怎样的扬眉吐气！

武帝率领百官，在大殿之上迎接这位被他寄予厚望的将军。

卫青上前向武帝行礼。武帝哈哈大笑，将他扶起，说道："今日将军横扫龙城，天下扬眉吐气，朕特备御酒，要与将军共饮一杯！"

然而，武帝见卫青脸色如常，不像其他人那样振奋，眉宇间甚至还有忧色，抬手将酒杯置于旁边的托盘上，说道："将军好像不为胜利高兴？"

卫青闻言一惊，这句话从天子口中说出来，可以说严重得很了。他赶紧拱手说道："末将侥幸，能直捣龙城是赖陛下洪福，赖全体将士用命。只是听说另外三路大军未能建功，所以臣……"

武帝眉头一皱，说道："朕对出征将士，历来赏罚分明。今日是犒赏之日，将军不必多想。你看，自高祖皇帝以来，还从未有过如此欢欣，这是将军的功劳。朕与将军同贺！"

长安城内，一片欢腾。

万金赎死

1

卫青得胜还朝后，已被赐为关内侯。当他第一次来到自己的新府邸前，看着眼前高耸的院墙时，瞬间有点恍惚。数年前自己还不过是一个骑奴，现在就已经赐侯晋爵，想来真是不可思议。

多少人一生也难以封侯，多少人的一生梦想也就是能够封侯。

卫青并没有想过封侯，却意外成为了关内侯。

他总觉得，自己这一次直捣龙城能够马到成功，是因为自己侥幸没有成为匈奴的主要攻击对象。

出雁门的李广遭遇数倍于己的匈奴的埋伏，势穷力竭后，连自己也被敌方生擒，幸好倚仗勇武，匹马逃脱才留得一命。出代郡的公孙敖同样遭遇伏击，一仗下来，损兵折将竟达七千人之多。至于公孙贺，真不知他是幸运还是不幸，抵达云中后没见到一个匈奴人，空耗钱粮地驻扎了好几日。当李广和公孙敖两路兵败的消息传来，他不敢再进，只得收兵回来。虽没有折损，却也没有功劳。

匈奴的精锐倾巢出击雁门对付李广，这才给自己奔袭龙城留下了空子。

如果匈奴精锐留在龙城，自己能够取得完胜吗？

一个被胜利掩盖的无情事实是，他率领一万军骑，仅仅斩首七百，不可能就此动摇（遑论摧毁）匈奴的数十万武装。这场胜利之所以令朝野沸腾，不过是因为人们期盼这场胜利已经太久了。

卫青看得十分清楚，这场胜利的意义仅仅在于扬威，在于给大汉帝国的千百万臣民注射了一剂强心针。心理基础是重要的，他奠定了这一基础，接下来才是硬碰硬的较量。想到这里，卫青心中又不由得涌起一股豪情。不错，这场胜利之后，匈奴人的重点攻防对象将不再是李广，而是一战封侯的自己了。

他必须用进一步的胜利来证明自己将不负天下的期望。

2

现在占据他全部心神的便是公孙敖了。这个与他同样首次领军的将军，一万骑兵折损七千，与全军覆没差不了多少。

按大汉律法，公孙敖与李广都得因丧师之罪处斩。他不能去向武帝求情。如果公孙敖因他求情赦免，那死去的七千将士岂不英魂难散？但他也无法眼睁睁看着公孙敖引颈就戮，如果不是公孙敖当年舍命相救，他卫青早已成为大长公主的刀下之鬼了。

卫青左右为难，想不出办法。李广是大汉军中灵魂般的人物，公孙敖也是武帝一直喜爱的亲信之人，说不定到最后一刻，武帝会心软刀下留人。卫青独坐房间想了许久，忽然想起很久没有看望姐姐了，不如去卫子夫那里看看。经历过生死的人，会把亲情看得比往日更重。

3

卫子夫见弟弟来看他，极为喜悦。令卫青更意外和惊喜的是，卫子夫又一次怀孕了。

武帝嫔妃虽多，却是独宠卫子夫。入宫十年来，卫子夫已经给武帝生下三个女儿，分别被封为卫长公主、阳石公主、诸邑公主。武帝至今没有儿子，怎会不想卫子夫给他诞下帝国的继承之人？所以，此次卫子夫怀孕，乃是关乎整个帝国前途与命运的大事。

此时的卫子夫地位稳固。陈皇后却因始终没有怀得龙子，竟在去年施巫蛊邪术，建祠祭祀，祝告鬼神，诅咒卫子夫。事发后，武帝怒而废后。从那以后，后宫中再也无人挑战卫子夫独承雨露的受宠地位。如果卫子夫此次能生下皇子，满朝文武皆知，等候卫子夫的，将是母仪天下的皇后之位。

对卫子夫和卫青这对姐弟来说，一切都苦尽甘来。曾经的歌女和骑奴生涯已一去不返。卫子夫看着弟弟，微笑说道："我听说陛下已经赐你关内侯，姐姐真是为你高兴。我看卫家的门楣，只有你才可以把它光大了。"

卫青也笑着说道："弟弟倒没想卫家之事，这第一次披甲上阵，弟弟所想，便只有安邦定国，即便暴骨他乡也无所怨尤。"

卫子夫笑道："若陛下听到你这番话，可不知有多高兴。"

卫青说道："当今天子雄才大略，依臣弟愚见，匈奴边患，当在我朝解除。"

卫子夫说道："姐姐是深宫之人，不懂得行军打仗。你们出征以来，陛下日夜忧急，当得到你的捷报之时，才总算有了笑容。你不知那天陛下有多兴奋。"说到这里，卫子夫像是想起武帝当日心中石头落地的模样，不禁脸上又一次现出微笑。

卫青沉吟片刻，终于说道："但是……此次陛下是命四路出击，只有弟弟侥幸得胜，其余三路，都未能立功。"

卫子夫"哦？"了一声，说道："这个我倒没听陛下说起。"

卫青平时很少见到姐姐，这时终于忍不住，将自己当年在建章宫如何被大长公主派人诱杀，公孙敖又如何将他解救之事详细说了一遍，然后说道："今日在朝上，皇上已然公布，按大汉律法，公孙敖将被问斩。臣弟想起他被押往监牢一幕，心中难受。姐姐能否为我指一条明路？"

卫子夫听完，也不觉心中一震，站了起来，说道："公孙敖自幼便在宫内，一直是陛下亲信之人，陛下怎会舍得……"

卫子夫没有说完，她脑中想起了武帝平时的处事风格，对触犯律法之人，素来毫不留情。自己入宫十年，已看见太多人因触法丧命。她更知道，自己虽得武帝宠爱，若牵扯进公孙敖之事，武帝必然以为自己有干政嫌疑。这是武帝的禁区。吕后、窦太后造成的外戚权重，至今阴影未散，若自己凭着弟弟刚刚封侯的威风，贸然求情，只会适得其反。

卫子夫双手慢慢抚摸自己隆起的肚腹，终于哀声说道："姐姐……实在无能为力。"

4

眼见武帝宠爱的姐姐也无能为力，卫青也找不到其他办法。他一旦理解了姐姐的难处，就明白自己更不能去向武帝求情。

在百官甚至武帝眼里，他是关内侯不假，更不假的，他还是不折不扣的外戚。这是自惠帝以来，令人思之难免有前车之鉴的恐怖称谓。

有一千条理由防备匈奴的武帝，也有同样多的理由防备外戚。

卫青首次出征便横扫龙城，封侯晋爵，表面上风光无限，实际上已成众矢之的。若还为丧师之将求情，朝中的小人，只怕随时会在武帝前奏上一本。

在帝王眼里，立功之人，固然值得倚重，却绝非不可缺少。

他现在可以做的，只能是经常去监牢看望公孙敖而已。

对监牢的狱卒来说，人人知道公孙敖和李广的来头。他们虽罢官下狱，狱卒们是不敢对他们如对其他犯人一样轻蔑呵斥的。公孙敖是武帝身边的红人自不必说。至于李广，在文帝时便入伍抗匈，崭露头角，后随景帝平定七国之乱时，已成为汉军中出类拔萃的名将。现已历三朝，早就名扬天下。那些狱卒不仅不敢小看，对他们照顾得还格外殷勤。

对于卫青的探望，公孙敖自然欣喜，李广却言辞颇带讥讽。

李广说得直接："若不是匈奴全军前往雁门阻我，你也做得到直捣龙城？"

卫青知道李广心中不平，他也不想反驳。确实，卫青能取得胜利，和匈奴对李广的防范有关，然而却决不能说是唯一因素。战争的结果，往往取决于大胆与缜密相结合的致命一击。

卫青对李广其实内心十分仰慕。还在做骑奴时就听过李广的无数传奇。但见对方对自己怨气深重，也渐渐不去李广牢室，只在公孙敖牢室与他对饮。也幸好常去牢室，卫青有一天看到李广居然被狱卒从牢室放出。他当时正与公孙敖在牢室饮酒，看着李广被卸去刑具，家人将他接走，不禁惊讶万分。

一个被判决问斩的死囚如何得以出狱？

当送走李广的狱卒回来之后，卫青即刻命他过来。询问之下，那狱卒说道："侯爷难道不知？李广将军的家人为他凑足万金，已免去一死了！"

卫青闻言不由一愣。他对官场的一切实在太不了解，立刻急声问道："这么说，如果有了万金，公孙将军也可免去一死？"

"那是自然。"狱卒居然对卫青嘿嘿笑了起来，"侯爷没听过有钱能使鬼推磨吗？只要有钱，什么事做不到？"

卫青一下子惊呆了，挥手命狱卒出去，对公孙敖说道，"你听到没有？拿出万金便可赎命啊。"

公孙敖端起酒杯，一饮而尽，放下杯才说道："我听到了，这原本是一直就有的事。"

卫青不由急了，说道："你既然知道有这事，那怎么不早要你家人送金赎命？"

公孙敖倒是笑了，说道："我幼失双亲，家中除我再无他人，谁会替我去筹这万金？我虽一直在天子身边，却从来没捞过油水，有多少俸禄就花多少，我哪来的万金？别说这个了，生死有命，想到那些死去的将士，我只后悔当初为什么没有战死沙场。"

卫青紧紧凝视公孙敖，说道："你没有万金，我有！"

公孙敖吃了一惊，抬头看着卫青，说道："你即使有，我也不能要，那都是你用命换来的。"

卫青笑了，说道："但是你忘了，我的命是你救的。"说罢，卫青转身便往牢室外走，对公孙敖在身后的呼喊再也听不到一句。

5

秋天总是来得有些突然。似乎一夜之间，长安城就被落叶铺满。

卫青起身将窗子关上，将刚刚被风吹熄的一支蜡烛再一次点上，转头看着一身灰衣、在眼前端坐的公孙敖，轻声一叹，说道："这么久不见你，你去哪里了？"

公孙敖被卫青纳金赎命之后，被贬为庶人。与卫青告别之时，公孙敖的说辞是去投靠远亲。没料到，今日卫青无意间在街上撞见已然落魄的公孙敖，便将他带回府中。

公孙敖只以叹息来回答卫青。

卫青在他对面坐下，说道："没有你，就不会有我。其实我知道，你没有什么远亲，这些日子，你一直就是在长安城对吧？今天带你过来，千万别以为我是要施恩示惠，我是有件事需要你帮忙。这件事除了你，也没人可以帮我。"

公孙敖苦笑一下，说道："还记得当年在甘泉宫的事吗？那个钳徒给你看相，说你将来必会封侯，说我起落无常。还真被他说中了。"

卫青面色凝重，一字一顿说道："起落无常，就说明你还会东山再起。"

公孙敖伸手端起桌上的酒杯，仰头喝了一口，抬手擦嘴，说道："真是很久没喝过这么好的酒了。你需要我做什么？其实我知道，你是顾及我的自尊，所以才说是需要我帮你，其实没那个必要，你真有什么事用得上我，公孙敖赴汤蹈火，也万死不辞！"

"公孙兄言重了。"卫青咳嗽了一声，俯身说道，"我的确是有事需要你帮忙。"

公孙敖此刻才觉诧异，眼前的卫青如今身为关内侯，能有什么事需要他一个平民帮忙？当他听到卫青称自己为"公孙兄"时，心头猛然涌起一股温暖。出狱之后，公孙敖知道卫青为自己付出的代价几乎就是他当时的全部家身。他不想给卫青再添麻烦，便用一个谎言离开。当然，这也有他的自尊在里面。

公孙敖看着卫青，说道："究竟什么事？我做得到的一定去做。"

卫青缓缓站起身来，用手捂了捂嘴唇，压住从胸腔涌上的咳嗽之意，说道："你也应听说了，匈奴如今又犯边境。我因患病在身，陛下派遣卫尉韩安国为材官将军，出戍渔阳。我总担心韩将军此行会遭遇不测。在他班师之前，我想前往军营居住，一边养病，一边随时准备和将士出征。这段时间，我想你就住我侯府，帮我教授一个人。"

公孙敖闻言，大是惊异。边患之事，他自然耳闻，却没想到卫青会有如此安排，未胜虑败，实是将才。公孙敖不由热血上涌，站了起来，说道：

"要我教授谁？"

卫青微微一笑，还是忍不住咳出一声，对门外喊道："去病，你进来！"

随着话音，门外走进一个十一二岁的少年，只见他眉目清秀，清秀中又透出一股勃勃英气。

公孙敖一见，恍惚觉得他像极了自己当年在甘泉宫第一次看见的少年卫青。

那少年走到卫青身边，叫了声"舅舅"，便以好奇的目光打量起公孙敖。

卫青对公孙敖微笑说道："这是我二姐卫少儿的儿子，叫霍去病，现住我府中。我去建章宫后，想请你居我府上，传授这孩子弓马武艺，有你传授看管，我也可放心前往。"

公孙敖很是诧异，他记得很清楚，卫少儿的丈夫叫陈掌，当年和自己差不多同时封官，怎么他们的孩子会姓霍呢？不过，有些事他也不想知道，又看了霍去病一眼，见那孩子眉目委实招人喜爱，对卫青说道："我看去病聪明伶俐，怎么不让他去习文呢？"

卫青微微一笑，说道："文士固然风流，可守疆卫土，沙场杀敌，乃至马革裹尸，不才是我大汉的铮铮男儿吗？"

公孙敖闻言，心口滚烫，双手抱拳，对卫青沉声应了个"诺"字。

飞将李广

1

元朔元年（前128）秋，边关再次传来匈奴大举入侵上谷、渔阳的消息。材官将军韩安国驻守渔阳，但与匈奴交手，却是一战即溃，若不是燕兵及时增援，韩安国恐怕在匈奴围困中便在劫难逃了。他率残兵败将移驻右北平（位于今辽宁凌源西南），将加急文书上报朝廷。

面对急报，整个朝廷震动。没料到匈奴龙城被袭不久，便发动了如此迅猛的攻击。

武帝展读败报，怒不可遏，眼望群臣说道："韩安国兵败，朝中何人愿往迎敌？"

群臣你看我，我看你，半晌无人说话。

丞相薛泽出班奏道："启禀陛下，匈奴猖獗，今满朝文武，能抗匈奴者，唯关内侯一人而已。"

武帝右手握成拳头，在御桌上一捶，不耐烦地说道："朕岂会不知这点？丞相是总领百官之人，难道不知关内侯现下身染重病？"

薛泽事不关己，回答得倒是不慌不忙："陛下，为武将者，马革裹尸尚且不惧，何况区区微恙？臣料关内侯绝无因病推托之理。臣也听闻，关内侯虽在养病，却也厉兵秣马，恳请陛下降旨，命关内侯率军迎敌，必可再胜。"

薛泽话音一落，朝中群臣纷纷交头接耳，都觉得薛泽此言不差。

武帝眼望薛泽，冷冷一笑，说道："丞相只说出其一，可能说出其二？"

薛泽见武帝声严色厉，心中顿时一惊，说道："臣愚钝，未知这其二是……"

只听武帝沉声说道："关内侯有直捣龙城之举，匈奴早视其为虎，关内侯若是出兵，必是恶战。若其身体无恙，朕自将命他出征，如今重病在身，若稍有差池，在天下臣民眼里，只会觉得关内侯龙城之胜，乃侥幸所致，这也罢了，可对我大汉的心理震动会如何强烈，丞相可有想过？"

薛泽闻言，不禁额头冒汗，赶紧躬身说道："陛下圣明！"

武帝仍是冷眼扫他，继续说道："关内侯身体不适，仍在军营中与士卒一起，朕愿朝中之臣，都有此等忠心！"

文武百官同时跪倒，齐声说道："陛下之言，臣等铭记！"

武帝看着殿下跪倒的一片文武，心中极是无奈。眼前这些人除了会顺杆来爬，表示忠心之外，有谁能真正拿出抵抗匈奴的大计？

2

卫青脸色苍白如纸，躺在床上，不停地咳嗽。

一士卒正伺候卫青喝下一碗汤药。

帐门一掀，苏建大步走了进来。卫青低声命士卒出去。

苏建走到卫青床前，说道："将军今日身体如何？"

卫青叹息一声，说道："病去如抽丝，真是令人无奈。今日朝廷可有解除军情之策？"

苏建重重叹道："今日朝廷，丞相奏请将军出征，被陛下否决。"

卫青心中豪气虽填，却终觉周身百骨松懈，连起身的力气也没有，不由仰首叹道："没想到会生此一病，真是辜负天子，也不知这病何日方愈？我恨不能今日就兵发右北平，与匈奴一战！"

苏建凝望卫青，说道："将军暂且安心养病。天子退朝之时，特命末将问询将军，右北平之事甚急，将军觉得何人能往？"

卫青略略沉思，抬头看着苏建，缓缓说道："速报陛下，如今只有李广将军可往！"

苏建闻言一惊，说道："李广将军现贬为庶人，如何……"

对苏建来说，觉得意外的还有，天下无人不知李广对卫青的龙城之胜公然不服，现卫青在病中仍是举荐李广，不禁暗暗敬佩卫青的胸怀。

卫青勉力微笑一下，说道："国家有难，匹夫有责，更何况李广将军素得军士拥护，也令匈奴畏惧，你速告陛下，现唯有重启李广，方可消除兵患。"

武帝闻奏，果然重新启用李广，命其兵援韩安国。

3

过得半月，苏建兴冲冲来见卫青。此刻的卫青已不是当日病缠床榻之状。虽未痊愈，却已能骑马扬戈，与建章宫军士一同操练了。

卫青见苏建脸色，便知有佳音来告，即刻和苏建一同进入营房。

苏建脸上兴奋，刚一坐下就说道："李广将军兵发右北平之后，果然震慑匈奴，现战事趋缓，将军可以放心了。"

卫青闻言，也是感到兴奋，他沉吟片刻，抬头说道："不过匈奴终究未灭，我看还是有场恶战，得嘱李广将军多加留意才是。"

苏建的脸色倒是更为兴奋了，说道："将军放心，李广将军果然神勇过人。末将听闻，因右北平虎患频多，李广将军一边御敌，还一边逐虎安民，到右北平不过数日，已射死好几只大虎。"

卫青不由微笑，说道："李广将军乃我军传奇之将，是不是他射虎也有传奇之事？"

苏建哈哈一笑，说道："李广将军在某夜巡逻之时，见草丛中隐隐伏有一只老虎，立刻张弓射去，那虎无声无息，料已一箭毙命，他的随从想去拉出死虎时，竟发现那不是老虎，而是一块巨石。离奇的是，李广将军那一箭，竟然透石数寸，谁也拔它不出。"

卫青听苏建一口气说完，不禁竖起拇指，脱口赞道："箭能入石，得多大的神力！有李广将军这样的猛将，真乃大汉之福啊。"说罢，卫青也不禁神往。他自幼便听闻关于李广的种种传奇，今天算又增加一件。他虽知李广对他不服，自己却始终仰慕李广，又笑着继续问道："李广将军那里，还有什么事可以一说？"

苏建见卫青继续询问李广，双眉忽然微皱，似是想了片刻，才说道："还有一事，也不知该说不该说。"

卫青见苏建神色，不觉收敛笑容，说道："军前之事，没有哪件是小事，快快说来。"

苏建抿了抿嘴唇，说道："末将还听闻，李广将军此次是以右北平太守身份领兵，第一天就斩了霸陵县尉。"

卫青一愣，说道："那县尉犯了何事？"

苏建叹息一声，说道："李广将军被贬为庶人之时，居住在蓝田南山，每天以打猎来自娱度日。某日带个随从外出饮酒，到深夜才回返，路过亭下时，正好撞见霸陵县尉巡夜。按律法规定，庶人深夜不可外出，所以他们被县尉厉声喝止。那随从便对县尉说自己主人是以前的李将军。在他看来，县尉听到李广将军之名，自会放过。没想到，县尉回答说，就是现任将军，也不宜犯夜，何况是以前的将军呢？坚决不肯放行，李广将军无奈，只好忍气吞声，在亭下露宿了一夜，天亮后才被允许回家。"

卫青听到这里，也不禁迟疑，缓缓说道："律法的规定，自然得人人遵从，难道……"他目光狐疑地看向苏建。

苏建轻声叹息，说道："此次李广将军重被授职赴任，当时就很坚决地奏请天子，要调霸陵县尉随军。末将想那县尉也一定惊慌，可天子之命不可违，只得奉旨前往军中，他刚去谒拜李广将军，当即就被喝令斩首。唉！"

卫青不禁站了起来，脸色发白，问道："此事天子如何处置？"

苏建也跟着站起说道："李广将军斩了县尉，立刻上书请罪，天子正倚重李将军，没有问罪，反而慰勉了几句。料想天子也是无奈，但总觉此事……"

"确是不该！"卫青替苏建把话说完，一边摇头，一边说道："素闻李广将军爱兵如子，凡事都身先士卒，但如此气度，又如何能成大事？"

4

匈奴虽畏惧李广，却始终未停止侵扰边疆。李广和匈奴多次交手，终究无法将匈奴驱逐。在匈奴一方，面对李广，也是颇感难有作为。到元朔元年（前128）冬天，暂时避开李广锋芒的匈奴挥戈雁门和渔阳，又杀死千余大汉吏民。武帝龙颜大怒，命病已痊愈的卫青率三万骑兵出雁门，又命将军李息出代郡。卫青与李息两路呼应，只一仗，卫青便斩首匈奴数千人，得胜而回。

这是卫青与匈奴的第二仗，也是他证明自己的才华之仗。毕竟，经过龙城之役后，军臣单于已将卫青看成自己的重要对手。闻得卫青率军前来，尽起精锐，与卫青面对面交锋，想一雪龙城之耻，结果是数千匈奴将士的人头，成为卫青的报功之物。军臣单于大败撤军。

卫青回朝之后，发现武帝的欣喜若狂不仅仅因为他对匈奴取得了第二次胜利，更因为卫子夫生下了一个男婴。

普天臣民也为皇长子出生而兴奋。武帝亲自为皇长子取名为刘据，同时，还不出意外地册封卫子夫为皇后，大赦天下。

从这一天开始，卫氏家族登上的，不仅是大汉的军事舞台中心，还包括更令人目眩的政治舞台中心。卫子夫进一步母凭子贵，成为后宫之首。两败匈奴的卫青成为武帝最为宠信的臣子，只要是出自卫青的谋议，无不依言而行。

卫青最为辉煌耀眼的时代已经开始。

5

人在右北平的李广心中异常苦涩，他历经三朝，原本是汉军中的灵魂人物，不料一个骑奴竟后来居上，实在是心意难平。唯一能安慰李广的，便是一同随军的儿子李敢。父子同心，李敢如何会不知父亲心事？无战事之时，李敢不是发奋练武，就是陪父亲饮酒解闷。

李广眼望儿子，喝下一杯酒后说道："为父恐怕终生封侯无望，敢儿一定要记住，你是李家的大好男儿，父亲实现不了的心愿，你要替父实现。"

李敢放下酒杯，肃身而立，说道："父亲放心，敢儿一定奋勇杀敌，不负父望！"

其时残月在天，冬风折树。李广抬起头，望

着幽冷月晕，喃喃说道："难道我真的比不上一个骑奴？"

朔方设郡

　　自秦朝开始，北方匈奴纵横草原，日益强大。到秦二世元年（前209）之时，野心勃勃的冒顿单于杀父夺位，以武力首次统一了北方草原，建立起了庞大的匈奴帝国，随即虎视中原。

　　秦始皇似乎早有预感，匈奴将成边境之患，于是在刚刚统一六国的当年（前221），不顾丞相李斯的谏言，命蒙恬率三十万大军挥师北上，攻打匈奴。十余年战事下来，将匈奴人逐出河套以及河西走廊之后，秦军竟再也不能借一统天下的余威"逾河而北"。随后，蒙恬将黄河以南划为四十四县，修筑长城，连接起秦昭王及赵、燕时所修的旧长城，利用地形，沿黄河、阴山设立亭障要塞。

阴山高峻连绵，东西横卧，包括狼山、乌拉山、色尔腾山、大青山等山脉。山地北坡斜入蒙古高原，南坡则以逾千米的落差收于黄河的河套平原。长城通过这些崇山峻岭之时，只选在地势较低的山岭和平川之地筑有城墙，并在山谷口外修筑小城。这些谈不上有规模的建筑，秦代称为"戍"，到汉代改称为"障"和"塞"。

在汉与匈奴和平交往时，双方以关塞为开放出入之所。

汉匈之间维持的脆弱和平关系在汉武帝元光二年（前133）终结。是年，掌管邦交的大行令王恢谋划"马邑之围"，企望一举伏灭匈奴。然而功败垂成，却也结束了自高祖以来对匈奴奉行的和亲政策，同时使汉匈的战争规模愈演愈烈。

2

依靠卫青，汉朝取得两次振奋朝野的胜利。不料，还没来得及喘口气，仅过一年，即元朔二年（前127）冬，连番受挫的匈奴居然又一次兵发上谷、渔阳，大汉两千余边民再遭屠戮。

武帝在朝中的怒意无不因匈奴而起，立刻下旨："着卫青率军往上谷增援，李息往渔阳增援！"

卫青和李息出班。卫青因官在李息之上，李息自然要等卫青率先接旨。

不料，卫青拱手说道："臣……不敢接旨！"

此言一出，满朝文武简直不敢相信自己的耳朵。李息在卫青身旁，也不禁惊讶地侧头看向卫青。

武帝也是一愣，随即站起，手指卫青，厉声怒道："你敢抗命？"

卫青微微一笑，仍是拱手说道："陛下息怒，非臣不接，是臣想去另外之地。"

"你想去何地？"武帝强抑怒火，还是忍耐下来。在武帝瞬间的意识里，卫青两次击破匈奴，用兵之神，不输开国名将淮阴侯韩信，恐怕他另有妙策。

果然，只听卫青胸有成竹地说道："匈奴屡次犯境，不外乎上谷、渔阳和雁门三地，重兵集结，我军固然不惧当面迎击，可难免长途跋涉，人困马乏，故军则以逸待劳，胜负难料。依臣之见，不若我挥师云中，迂回高阙，直指陇西，李息将军则出代郡，对盘踞河朔的匈奴白羊王与楼烦王形成包围之势。"

武帝一直未坐，此刻听卫青说完，不禁惊喜非常，走下台阶，说道："你是说，出兵云中，看起来是围魏救赵，实际上是要收复河朔？"匈奴白羊王和楼烦王盘踞河朔已久，是大汉真正的腋下之患。武帝最为担忧的，便是从河朔到关中不足千里，若精骑长驱，数日便到。实如一柄利刃悬在头顶，时时威胁长安。

作为帝国都城，岂是上谷、渔阳和雁门可比的？

卫青不答，只躬身说道："臣请陛下降旨！"

李息声音也洪亮地说道："臣请陛下降旨！"

3

当年蒙恬率三十万虎狼之师，还是无法将疆域开辟到无险可据的黄河以北。但阴山及贺兰山脚下的黄河草原（今内蒙古鄂尔多斯大草原）沃土千里，是兵家必争之地。武帝和匈奴，连年用兵，国库日虚。武帝一直靠文景二帝留下的积蓄支撑，匈奴则靠的是连年掠夺，所以，唯有一劳永逸地占据富得流油的河套平原，国力才有可能取得迅猛发展。

一战之胜不过是战术，一国之胜才是战略。

在卫青眼里，绝非只有战术，还有深思熟虑的战略。

匈奴人虽然打仗凶悍，对兵法却始终不甚了了。卫青与李息分头领兵出发之后，卫青立即命李息大张旗鼓，沿驰道而行，并放出消息，说此行乃增援上谷和渔阳。军臣单于果然中计，命重兵陈于通往上谷、渔阳之途，想将李息大军拦截击溃，便可将连年未能染指的上谷及渔阳据为己有，打开南下中原的门户。

卫青两败匈奴，尤其龙城之耻，令军臣单于恨不得将卫青五马分尸。李息虽还未与匈奴交过手，却是当年参与马邑之围的材官将军。对此二人，军臣单于自是痛恨非常。

卫青出云中之后，千里迂回。当卫青派出苏

建、张次公两员猛将出其不意，扑向高阙之时，白羊王与楼烦王才惊觉汉军已在自己北面。匆忙间，楼烦王率部急急北上，想阻击汉军。

但此时楼烦王面对的，是运筹帷幄的大将卫青。楼烦王刚刚一动，半途折出代郡的李息已向河南（今巴彦淖尔市乌加河以南）猛扑而来。

高阙位于阴山山脉西北，其处有一缺口，形如门阙，故得此名，它也是当年赵武灵王所筑长城的终点。秦始皇曾派蒙恬渡河来攻，现在卫青却没将它当作终点。汉军以迅雷不及掩耳的雷霆之势拿下高阙之后，卫青掉转马头，飞速南下陇西，与李息遥相呼应，形成合围之势。

白羊王各部被汉军两路夹击，惊得魂不附体，只觉汉军漫山遍野，犹如天降。卫青手下的苏建、张次公等校尉更是奋勇争先，各路奇出，白羊王终于抵敌不住。面对北有卫青，东有李息之困，白羊王只有仓皇南逃一路，被终于会师合军的卫青和李息围歼于河南。一蹶不振的白羊王和楼烦王从此在草原上消失。

此次收复河朔之战，卫青捕获敌人几千名，牛羊竟达数十万头之多，为汉匈交战以来的最辉煌战绩。武帝大喜之下，封卫青为长平侯，充当前锋校尉的苏建也一跃封为平陵侯，张次公为岸头侯。其他将士，都论功行赏。

4

这是意义深远的一仗。汉朝自高祖开国以来，秦始皇建立的郡县制被全盘接受。在秦始皇设立的三十六郡（后增为四十一郡）中，最北端止于原赵国版图中的太原郡、云中郡、邯郸郡、巨鹿郡、雁门郡、代郡、常山郡以及原燕国版图内的广阳郡、上谷郡、渔阳郡、右北平郡、辽西郡、辽东郡等。

借卫青收复河朔的大胜之威，武帝颁旨设立朔方郡。

当夜，苏建前往卫青府中。他知道自己得以封侯，实乃卫青指挥有方，自然要来拜谢，另外对今日圣旨之事，恳切说道："陛下欲设立朔方郡，苏建想请命前往，修建朔方城。望将军予以成全。"

卫青笑道："平陵侯亲自前往，朔方城一定筑

卫青率军收复河朔。

成。只是，平陵侯刚洗征尘，是否会太过劳累？"

苏建见卫青同意，不由大喜。满朝文武无人不知，今天的卫青堪称位高权重，武帝对他言听计从，恩遇日隆。落座后仍拱手说道："苏建已三次随将军北行作战，将军之风，耳濡目染，我大汉男儿，岂能遇难而退？匈奴虽被将军赶出河朔，却不可掉以轻心。苏建受天子封侯，得将军提携，不知如何报答。我已熟知朔方地形，不如我前往筑城，既为天子分忧，也为我大汉尽绵薄之力。"

卫青听苏建这番话，微笑说道："其实我知道，平陵侯是担心天子会派我去筑城，你担心我已过于劳累，所以想抢先请命。我说得没错吧？"

苏建被卫青说中心事，倒有些不好意思，嘿嘿笑了两声。

卫青站起身来，说道："大丈夫处世，当遇明主，更得遇良朋。我与平陵侯早是肝胆之交，卫青在此谢过。说实话，此次出征，收复河朔，逐匈奴于漠北，朔方城我也想亲自去建，只是家中有二人尚待安排，我正自踌躇。平陵侯愿意前往，我也可以放心了。"

卫青见苏建眼有诧色，微笑说道："我为平陵侯引见他们。"他朝门外做个手势，不多时，公孙敖与霍去病先后进来。

苏建一见公孙敖，惊呼一声，跳起来说道："公孙将军也在此处？"

公孙敖哈哈笑道："平陵侯可别叫我将军啊，我现在已是庶人，暂寄居此处。"

这时下人来报，酒桌已然摆好。卫青即邀请苏建、公孙敖前往就座。霍去病也十分自然地跟了过去。仅仅两年，霍去病已然长高不少，身子骨看起来也异常强健。

四人都有顶天立地之慨，这一夜尽皆喝得大醉。

第二天，苏建当朝请命，愿前往河朔筑城。武帝极为振奋，当即下旨，命苏建前往河朔，修建朔方城。自此，河朔之地，归入大汉版图。

5

卫青亲自将苏建一行送至长安城外，才转身

回府。

公孙敖与霍去病未在房间，卫青料他们在府中练武场，便直接去往后院。

果然，公孙敖和霍去病在练武场比试射箭。卫青收住脚步，在院门外观看。只见年方十四岁的霍去病已能娴熟纵马，跳过几处障碍之后，霍去病在马上拉开硬弓，接连三箭都射中百步之外的靶心。

卫青忍不住大声喝彩道："好！"

公孙敖和霍去病闻声而止，同时看向院门。见卫青微笑迈步过来，都不由欣喜。

卫青走到公孙敖面前，双手抱拳，郑重说道："这些时日，真是辛苦你了，将这孩子调教得如此惊人！"

公孙敖哈哈笑道，"不是我调教得好，是去病天生神力，禀赋奇高，什么都一学就会。"

霍去病倒不谦虚，跳下马过来，昂首对卫青说道："舅舅，昨晚的平陵侯，是这次跟你出征回来所封的么？"

卫青说道："是啊，怎么了？"

霍去病将手中弓弦仰天一拉，说道："舅舅，你下次出征，把我也带上，你信不信我也会一战封侯！"

卫青和公孙敖互看一眼，不由哈哈大笑。

霍去病脸一板，说道："有什么好笑的？你们以为我是小孩子？舅舅，我已经长大了！"

卫青收住笑，仔细看了看霍去病，转头对公孙敖说道："去病有这样的大志，我这个当舅舅的还有什么可说的？公孙兄，我有一个想法，下次出征，我带上你，让陛下也重新认识当年的那个骑郎公孙敖！"

公孙敖闻言大喜，连说话的声音也颤抖起来："太好了！我一直就在等这一天！"

霍去病在一旁急了，说道："舅舅，下次出征，你就只带公孙叔叔不带我？"

卫青脸上微笑，伸手想摸霍去病头顶，手伸到一半，见其神色凛然，不由心中一动，改为拍他肩膀，说道："舅舅答应你，你在军中受训四年，等你十八岁时，一定带你出征！"

霍去病闻言，脸上露出喜色。但只一转眼，喜色又飞快地消失，只听他意兴阑珊地说道："照你这么说，我还得等到十八岁才能封侯了。"

卫青哈哈大笑，说道："你若十八岁封侯，古往今来，已是第一人了，还不满足吗？"

姻　缘

1

卫子夫被册封皇后之后，入住陈皇后曾住过的未央宫椒房殿。在卫子夫看来，自己歌女出身，今日竟能幸为皇后，实为命运眷顾。宫中十多年岁月，岂能不知前朝的皇后和太后之事？曾奉命作《皇太子生赋》的文学侍从枚皋又特为皇后进献《戒终赋》，赋中之言，无非是劝诫皇后要将身为夫人时的品德作风继续发扬。卫子夫展阅之后，心中颇为感慨，自然身体力行，做好后宫之主。几年下来，武帝后宫再也没像前朝那样，发生逾权之事。

卫子夫也自然知道，自己独得武帝宠爱，后位稳固，不仅是生下了皇长子有功，还有更重要的一点，是弟弟卫青权势日重。不过，卫子夫倒没因此而生政治野心。弟弟的功绩无日不被喜拍马屁的宫女宦官传入后宫，时时说起。卫子夫虽恭谨克己，每次听到弟弟功绩，还是抑制不住喜悦。揣摩卫子夫的心意一点不难，于是，宫中的宦官与宫女都极为擅长在卫子夫面前反反复复描述卫青的赫赫武功。

2

元朔五年（前124）的一个春日，乍暖还寒，一场细细的春雪盖满宫中的每处殿宇屋脊。后宫一些宫女将扫雪当作自娱，嘻嘻哈哈地笑个不停。那些假山与栏杆都打扫得干干净净。后宫和御花园的高树在寒风中竟然开出一些零星黄花，与白雪交映，格外迷人。空气清新，令人已不觉得如何寒冷。

午时刚过，一名常侍宦官脚步匆忙，飞一般从宫外赶往椒房殿。他脚步之快，像是极怕身后会出现一个比他跑得更快之人。

卫子夫正与贴身侍女闲聊，远远看见那名常侍绕廊穿柱，直奔自己的殿门而来，立刻站起身来，手抚胸口，像是自言自语地说道："长平侯此次出征，怕是已经班师回朝了。"她口中虽如此说，心里却是十分忧急。每次弟弟出征，捷报未到之时，卫子夫总免不了提心吊胆，很怕弟弟在战场上有个疏忽不慎，那便有性命之虞了。

她见那常侍疾步走近，能看见他脸上的喜悦时，卫子夫一颗心才放下来。

她知道，弟弟此次出征，又赢得了胜利。

果然，那常侍迈进宫门，双膝跪下，高声说道："恭喜娘娘！贺喜娘娘！长平侯捷报已到长安！"

卫子夫身旁的宫女也一齐弯腰，同时说道："恭喜娘娘！贺喜娘娘！"

卫子夫脸上充满笑意，对常侍说道："平身吧，可知长平侯何日回来？"

那常侍宦官谢恩站起，仍是弯腰说道："禀报娘娘，长平侯应该过几日便会回朝。"

卫子夫脸上笑容更深，说道："长平侯此番出征，又立下哪些功劳？"

常侍宦官脸上充满得意之色，说道："启禀娘娘，奴婢前前后后已打探得清楚，匈奴人真是不自量力，自陛下设郡朔方之后，匈奴的新任单于伊稚斜居然屡次派遣他们的右贤王骚扰朔方，惹得陛下雷霆大怒，命长平侯率三万精骑出高阙迎敌……"

他还没有说完，卫子夫微笑打断道："这些本宫不是已经知道了吗？长平侯出征之日，你就来禀报过本宫。"卫子夫一边来回踱步，一边说道："本宫记得，随长平侯出征的，有游击将军苏建、强弩将军李沮、骑将军公孙贺、轻车将军李蔡，还有陛下重新启用的封护军都尉公孙敖，另外还派大行李息、岸头侯张次公为将军，出右北平配合，是吗？"

她说到这里，站住了，眼望常侍。

常侍宦官听皇后将自己曾经的禀报记得半字不差，说道："皇后娘娘果然对长平侯时时挂念，奴婢都不记得曾给娘娘禀报过这些，真是该死。"说罢，又再跪下，佯装请罪。

卫子夫仍是微笑道："平身吧，跟本宫说说，长平侯是如何得胜的？"

常侍宦官虽有投皇后所好之意，内心却也由衷对卫青的胜利感到兴奋，当下脸上涌起得意之色，说道："匈奴人以为长平侯从长安到高阙甚远，根本未加提防，晚上自顾在营中饮酒作乐，他们哪里想到，长平侯竟神人般从天而降，看着长平侯的千军万马逼到眼前，那个什么右贤王吓得连一点反抗的念头都没有。奴婢听说那个右贤王是化装成一小卒才得以逃脱。长平侯此次的战绩，娘娘能猜得到么？"

卫子夫听到弟弟如此神勇，早已心花怒放，立刻说道："快说给本宫听听！"

按常理来说，一常侍宦官哪敢在皇后面前卖关子？只是他拍马屁甚久，知道卫子夫性格温厚，更知道卫子夫最爱如听戏般去听弟弟功绩，平日揣摩得法，所以才敢对卫子夫说"猜得到么"这样的话。

他当下继续说道："回禀娘娘，长平侯的功绩真是一次比一次大，就那一夜之间，右贤王手下的十几个小王被生擒活捉！另有一万五千名贼兵做了长平侯俘虏，还有，长平侯俘获的牲畜达上百万之多。哈哈，有长平侯在，看匈奴还敢不敢犯大汉边疆！"

卫子夫听他说完，心中喜悦真是无法按捺，来回走了几步，说道："长平侯又建大功，真是我大汉之福。来呀，赐常侍十金！"

常侍闻言，喜不自胜，又接着说道："奴婢还有一喜讯要上禀娘娘！"

卫子夫听他还有喜讯，更是高兴，说道："还有什么喜讯，一并告知本宫！"

常侍继续哈腰笑道："听闻陛下已命人持印前往朔方长平侯之营，要在军中拜长平侯为大将军！"

卫子夫听到这句，更是喜上眉梢。大将军一职，外握兵权，内掌朝政，可以说是一人之下万人之上的至高臣位了。卫子夫惊喜得又是摇头，又是点头，一时竟激动得说不出话来。

常侍和卫子夫身边侍女早已同时下跪，齐声说道："贺喜娘娘！贺喜大将军！"

3

过得数日，卫青班师回朝。

这日午后，卫青按以往常例，拜见身为皇后的姐姐。自封为关内侯之后，武帝便特准卫青可出入宫禁，随时来见卫子夫。

卫青看见姐姐在殿前等候，不由紧走几步上来，躬身说道："臣弟拜见皇后！"

卫子夫微笑道："听说弟弟又取大捷，真是说不出的高兴。听说陛下加封弟弟为大将军，对我卫氏一家，真是恩遇至极了。"

卫青微笑一下，又迅速敛去，轻叹一声，说道："陛下对臣弟，实乃为知遇之主。今日回朝，陛下竟然要赐封臣弟三子为侯。臣弟心中不安，前方战事，实乃众将士用命一戈一戟拼来的，臣弟三子，都尚在襁褓，如何可以封侯？所以臣弟……婉拒了陛下。"

卫青此言一出，卫子夫也大感意外，想了片刻，说道："那弟弟可推荐其他将士？"

卫青说道："臣弟当时便奏，击破匈奴，乃众将之功。"

"那陛下如何回答？"卫子夫问道。

卫青脸上重现微笑，说道："陛下说未忘众将之功，当朝封公孙敖为合骑侯、韩说为龙额（é）侯，公孙贺为南窬（pào）侯，李蔡为乐安侯，李朔为涉轵（zhǐ）侯，赵不虞为随成侯，公孙戎奴为从平侯，李沮、李息、豆如意三人皆赐爵关内侯。"

卫子夫站起身来，来回走了数步，然后站住，看着卫青，微笑道："本宫还是劝你接受陛下对三位幼侄的册封。"

卫青皱眉道："臣弟三子都在襁褓，无尺寸之功，怎可为侯？右北平太守李广将军身经百战，至今都未封侯。想到此处，臣弟心里实是不安。"

卫子夫微微笑道："弟弟所想，本宫知道，可弟弟也需想到另外一事，自古天子，言出如山，从无戏言，今陛下既已下旨，弟弟若还是拒绝，并非好事。唉，姐姐在宫里，看见的事情可是太多太多了！"说罢，脸上竟然露出一丝凄凉。

卫青心中一震，赶紧站起，说道："臣弟谨记皇后之言。"

卫子夫又微笑起来，关切地看着卫青，说道："说起三位幼侄，倒是有件事想问问你。自侯夫人生第三个幼侄时难产而死，弟弟可有续弦之想？"

卫青听姐姐说到三个孩子的母亲，脸色低沉下去，然后抬头说道："边患未除，臣弟还未有此想。"

卫子夫看着卫青，缓缓点头。奇怪的是，她一边点头，一边笑容却高深起来。

卫青方自一愣，只听卫子夫说道："弟弟未想，可有人已想嫁给弟弟。"说罢，终于笑得更甚，显是心情又变得大好。

卫青倒是惊讶起来，差点要站起，身子一动，终还是坐着，说道："哦？是何人？皇后又如何得知？"

卫子夫看着卫青，意味深长地点头微笑，然后慢慢说道："此人弟弟从小就认识。"

卫青闻言，愣住了，原本他以为是哪个王侯在姐姐前为女提亲。那女儿自然不会相识，此刻听姐姐说自己居然认识对方，心中诧异万分。

卫子夫见弟弟神情，终于笑出声，说道："好啦，不与你卖关子了，想嫁与弟弟的，便是我们从小认识的平阳公主。"

卫子夫此言一出，卫青再也坐不住了，一下子站了起来，说道："皇后可是戏言？"

卫青实在想不到卫子夫说出的竟然是平阳公主。且不说平阳公主较自己年长，想当年自己年少之时，便是给平阳公主当骑奴，身份委实天上地下。如今自己身为大将军，算是青云直上了，但平阳公主究竟是武帝长姊，她居然会想到要嫁给自己，简直比自己横扫龙城之举还要令人难以置信。

只听卫子夫仍是微笑答道："我虽是你姐姐，可也是皇后，如何会出戏言？"

卫青也知道姐姐无论如何也不会将武帝之姊拿来开玩笑，不禁无言以对，"这、这……"，他"这"了半天，无法再说下去。

卫子夫终于敛容说道："今日上午，平阳公主来椒房殿，亲自与我说起此事。公主寡居多年，对我们也有再造之恩，本宫未十分应允，也未十分拒绝，此事非关你我之事，实乃大汉之事，本宫今晚去请陛下的旨意，弟弟明日便可见分晓了。"

卫青闻言，不由苦笑，说道："平阳公主若嫁当日骑奴，岂不怕天下人耻笑？"

卫子夫倒是平静，答道："弟弟不可如此想，如今弟弟贵为大将军，群臣无二，公主若有此一想，本宫倒不觉意外。"

卫青觉此事实在不可思议，不知该说什么，茫无头绪地想了半天，终于起身，先行告退了。

4

翌日早朝，卫青与群臣入宫面圣。

卫青一直暗瞥武帝神色，见龙颜颇悦，只听武帝挥手对殿前宦官说道："传朕旨意。"

那宦官答应一声"诺"，然后转身面对群臣，将手中诏令打开，高声说道："陛下有旨！"

大殿寂静，只听那宦官高声念道："赐封大将军卫青长子卫伉为宜春侯，次子卫不疑为阴安侯，三子卫登为发干侯。"群臣昨日便听到武帝要封卫青三子为侯，虽为卫青婉拒，今日仍又诏令赐封，也不觉意外。卫青出班谢恩。抬头时见武帝对自己微笑，不觉心中异样。

果然又听那宦官说道："陛下第二道诏令。"群臣这次倒是俱各讶然，不知武帝这道诏令会是什么。

待那宦官一字字读完，跪在地上的文武群臣无不惊讶。这第二道诏令竟然是武帝直接下令，命卫青娶自己寡居数年的长姊平阳公主为妻。群臣在诧异之后，无不瞬间想到，如今卫青之姐卫子夫乃当朝皇后，卫青本人荣为大将军，如今再娶武帝之姊为妻，便是与武帝亲上加亲，岂不权势更重？待武帝退朝之后，人人俱向卫青道贺。卫青虽有准备，仍是有措手不及之感，但帝命不可违，他也只能微笑，与群臣拱手，接受祝贺了。

5

新婚之夜，卫青喝得大醉，醺醺然进入洞房。

平阳公主戴着凤冠，坐在床沿等候。卫青进来看见平阳公主，心中的怪异之感总是难消。

烛光掩映下，卫青吃了一惊，他记忆中的平阳公主花容月貌，自己那时虽少不更事，却从不敢直视主人。如今竟与她洞房相对，总觉得不可思议。又觉多年过去，公主怕已是年老色衰。不料拨帘一见，时光似乎从未从公主身上流逝，竟如当年一般容貌，顿时酒醒。

平阳公主毕竟不是初嫁，见卫青凝视自己，仰头轻笑，说道："夫君可还记得我？"

卫青见平阳公主从容如常，一直盘踞自己内心的尴尬不觉烟消云散，说道："公主往日之恩，卫青日日记得。"

平阳公主站起来，微笑说道："日日记得？这可不是真的。不过，我倒是日日都听到夫君的消息。为我大汉江山和天下臣民，夫君屡战沙场，居功至伟。我在宫内听闻，却是真的日日仰慕。"

卫青听公主说出这番话，便觉是知己之言，不禁暗叹，自己与这位昔日的主人，真有冥冥中的缘分。

昔日的主仆，今日结为夫妻。

剽姚出征

1

在所有崇拜卫青的人中，外甥霍去病是最突出的一个。自从卫青郑重答应其成年后带他出征开始，他日日苦练，盼着那一天的到来。

一日，霍去病正在演兵场练习弓箭，只见他纵马三圈，在弦上同时搭上三箭，马如风，箭已出，空中"嗖嗖"几声，三只大雁竟然差不多同时从空中掉落。霍去病三箭射中三只雁颈，旁边围观的军士同时喝彩。

"哈哈哈，好箭法！"众军士的喝彩声方落，又听见一洪亮的声音从军士后面传来。

霍去病扭头一看，立刻下马，场上所有军士不由齐齐下跪。

只见武帝带着几名近侍走过来。

霍去病赶紧跑到武帝面前跪下。武帝脸上微笑，说道："朕听闻大将军外甥在此，弓马娴熟、武艺出众，朕今日无事过来看看，果然名不虚传！"

"谢陛下！"霍去病也不谦虚。

武帝心情极好，见霍去病满脸英气，着实喜爱，说道："朕身边正好缺一侍中，你可愿随朕？"

霍去病大喜，谢恩道："臣愿往！"于是从这日开始，霍去病成为武帝侍中。

出入宫廷，与闻朝政。卫青也是心中大喜，没料到这个十余岁的外甥竟然有此际遇，能被武帝如此赏识。

对卫青来说，更想不到的是，当元朔六年（前123）四月，强悍的匈奴再次犯境。他在朝中刚刚受命出征时，武帝轻描淡写地补充了一句："大将军上次出兵，斩首匈奴数千，得胜回朝，今日又要出兵征讨，朕看此次，大将军可带上去病同往。"

武帝在朝廷之上，绝少直接称臣子名字，此刻将霍去病罕见地称为"去病"，足见对其喜爱非凡。

卫青有点讶然，微微一愣，又听武帝继续说道："朕已知道，大将军曾答应去病，待他成年时，便随军征伐匈奴。去病上月刚过十七，正是到大将军践诺之时了。"

卫青万没料到武帝会有此决定，不过他也知道，自己外甥年纪虽少，却已弓马娴熟，的确可以随军出征了，当即躬身说道："臣遵旨！"

武帝声音始终不疾不徐，说道："朕命霍去病为剽姚校尉，领八百轻骑，从大将军令！"

年少的霍去病以清脆的声音出班答道："臣遵旨！"

2

从定襄出兵之后，首次出征的霍去病不由得意气风发。他本为后队，竟然纵马扬戈，带着拨给他的八百轻骑策马突进，从连绵不绝的数十万大军后面旋风般冲上前去。旁边扣辔而行的骑兵和步兵都不由又羡慕又惊讶地看着这八百骑绝尘而去。在大队旁边的右将军苏建见霍去病纵马远去后，不由微笑对此次任中将军的公孙敖笑道："看剽姚校尉的身姿，真是太像以前的大将军了！"

公孙敖也感慨一声，说道："不知怎么，我忽然觉得自己已经老了。"

"哈哈，"苏建笑了一声，"大将军尚未言老，你我可不能言老啊。"

卫青在前军带队，听得身后马蹄急促，回头去看，见霍去病带着八百轻骑闪电般过来，当下横马出阵，等候霍去病。

霍去病转眼便到卫青马前。他勒住缰绳，抬手向后一扬，他身后的八百骑也同时勒马，马蹄声声踏地，飞溅起一片尘沙。

卫青凝视眼前外甥，后者脸上跃跃欲试的神情一览无余。卫青笑道："你本在后队，怎么到前队来了？"

霍去病长戈横在双肘，抱拳说道："大将军，末将想请令先行五百里，自觅战机！"说罢，两眼炯炯发光地望着舅舅。

卫青心中一动，不禁想起自己在元光六年的首次出征。那次他依靠大胆出击，得以横扫龙城。如今外甥前来请命，一股英姿勃勃的锐气已扑面而来，再看霍去病身后八百轻骑，无一不是精锐。

卫青稍一沉吟，说道："此次出征，军中有中将军公孙敖、左将军公孙贺、右将军苏建、前将军赵信、后将军李广、强弩将军李沮，你需要哪位将军随你同往？"

霍去病转头看看自己身后的赳赳轻骑，慨然说道："末将无须任何将军同往，只带这八百部下！请大将军首肯！"

卫青暗吃一惊，觉得外甥的此举实在大胆，但不知怎的，当他看着霍去病充满自信的双眼之时，也似乎看见了自己当年的模样，心中一动，缓缓点头，只说一句："战事凶险，多加注意！"

霍去病朗声一笑，说道："请大将军放心！末将若不立功，决不回兵！"手中长剑一举，大喊一声："跟我来！"手上缰绳一提，双腿夹马，那马撒开四蹄，再次狂奔，他身后八百骑也同时策马随霍

卫青眼望霍去病率八百精骑绝尘而去。

去病绝尘而去。

卫青勒住马，看着霍去病的队伍渐渐在视野中缩小，而马蹄溅起的尘沙还没有消散。

前将军赵信此时策马过来，说道："大将军，剽姚校尉年轻，人马又少，末将担心会出危险。"卫青凝视那团远去的尘沙，又抬头看向无比高远、无比苍凉的北方天空，慢慢说道："是年轻人建功立业的时候了！"

3

旬日之后，在中军大账里，卫青披衣秉笔，在烛下伏案而书："臣禀陛下，剽姚校尉霍去病深入敌腹，两次觅得战机，以八百之骑，杀敌二千二十八人，中有匈奴相国和当户，斩单于大父行籍若侯产，擒单于叔父罗姑比。"

写到这里，卫青不由抬头，笔尖离开竹简，神色根本不像赢得了一场大胜，而是忧虑深沉，眉头微皱。

傍晚在营中发生的一幕又不觉涌现眼前。

他当时在中军帐等待战报，眼见派出的众将陆续回营，各自献上斩首的匈奴人头，其中上谷太守郝贤带回的首级竟有两千多颗。统计之下，各路汉军一共斩敌过万。卫青心中喜悦，逐一命军吏记上战功簿。眼见到了日落时分，赵信、苏建及霍去病两路仍未回营。汉军此时所在，是匈奴境内数百里之腹地。卫青得胜虽多，仍是担心三人遇上大敌，正欲派郝贤出去接应，陡听得营外一阵喧哗，立刻出帐去看。

只见苏建满身血迹，披头散发，骑着伤马入营。营内将士惊讶万分，大将军不是命他和前将军赵信合军三千余骑吗？怎么他一个人重伤而回了？

卫青情知不妙，立刻迎上。

苏建一见卫青，立刻跪下失声哭道："大将军！末将中了匈奴人的埋伏，全军将士惨遭覆灭！"

卫青一惊，抬头见营外再也无人跟进，立刻问道："前将军赵信何在？"

苏建咬牙说道："禀大将军，我与赵信率三千骑前行，不慎落入伊稚斜的包围，末将交战一日，终于寡不敌众，那赵信竟然带着剩余的八百骑投降匈奴了。末将独身而回，恳请大将军治罪！"说罢又忍不住垂泪。

卫青听得苏建全军覆没，赵信竟然投降了匈奴，不由脸色大变，喝道："那赵信果真投降匈奴了？"

苏建哀声说道："那赵信原本就是从匈奴投降过来的，他见全军将覆，便率残部投降了。"

卫青不由虎目圆睁，缓缓摇头，又厉声喝道："三千大汉精骑，就只剩你一人回来？"

苏建伏地说道："末将请大将军治罪。"

卫青抬头一望，见军中长史、军正与议郎都在，卫青抑住内心悲愤，看着三人问道："右将军苏建全军覆没，该治何罪？"卫青其实哪能不知，丧师当斩乃大汉律法，自己首次出征时，公孙敖和李广便险些因此枭首。

议郎周霸本与苏建不和，当下率先说道："末将听闻，自大将军出征以来，从未杀过副将，如今苏建覆军而回，末将以为当斩，以示大将军之威！"

卫青不由一愣，随即看向另外二人，后二人同声说："万万不可！大将军熟读兵书，自然知道'小敌之坚，大敌之禽也'。苏将军以几千之人，对数万之敌，奋战一天，将士皆亡，不仅没有背国投敌，还归来请罪。如果今天斩了右将军，那岂不是告诉所有将士，今后若是失败，回来便是一死，大汉军士，岂不会遇败则降？请大将军三思。"

周霸听二人说完，刚刚冷笑一半，还来不及再说什么，就见卫青抬眼看向自己，目光冷峻，不由得将要说的话咽了下去。

卫青沉默半晌，缓缓说道："周议郎所言，确实差矣！试想我上奉天子之令，下以肺腑待人，何患无威？卫青腰间刀刃，是为斩匈奴，不是为斩下属！再者，为人臣者，岂能因受陛下信任便在外擅自专权？我部属纵是犯下死罪，也该由天子定夺。"

周霸脸露惭愧，低下头去。

卫青猛喝一声："来人，把右将军苏建暂且收监，明日押往长安！"

苏建仍是伏在地上，他知道卫青不斩自己，实乃留自己活命，不禁热泪滚滚，说道："末将拜谢大将军！"

恰在此时，霍去病手提匈奴大父行籍若侯产的人头归营报功，他部下押解匈奴相国、当户，以及单于叔父罗姑比进来，大汉军营才又被一阵鼓舞人心的欢呼声淹没。

卫青想毕，终于一声长叹，再次动笔，将自己即刻派人押解苏建前往长安的决定写下。

4

卫青班师回朝时，不觉心情郁郁。

对朝廷来说，卫青此次出征，仍是一次巨大的胜利。

武帝知卫青将苏建押往长安，实欲留其活命。他更知道，如今难以止息的汉匈之战，离不开卫青指挥。苏建被押回长安后按律当斩，后以金赎死，贬为庶人。

卫青此次出征斩首万人、覆没三千，虽然功大于过，但毕竟损失两员将军，尤其赵信投降，对大汉今后的战略极为不利。这是卫青率军以来，从未有过的耻辱。武帝不与加封，只赐千金为赏。

最令朝廷震惊，也令武帝龙颜大悦的是霍去病此役一鸣惊人，以区区八百骑，深入匈奴腹地，被其斩首生擒的都是匈奴核心人物。武帝端坐朝堂之上，朗声说道："嫖姚校尉亲斩匈奴大父行藉若侯产，擒匈奴相国、当户及单于叔父，实乃勇冠三军，朕特赐封嫖姚校尉为冠军侯！"

武帝此言一出，群臣都惊讶得张大了嘴。自有侯位以来，"冠军侯"三字，自古皆无。此刻它从武帝唇间清晰地吐出，足见武帝心中，"冠军侯"是何等分量。

卫青在殿下听罢，不禁虎目含泪，暗想这个外甥的确没辜负自己的一番心血，大汉和匈奴的对抗，终于后继有人了。

门庭渐冷

1

赵信败降匈奴，令伊稚斜单于大喜过望，当即封赵信为自次王，同时将自己的姐姐嫁给赵信。

赵信原本就是匈奴人，归降之举，对他而言算是回到了久违的故国。在汉为侯，降匈为王，自是不可同日而语，赵信死心塌地，给伊稚斜进言献策。他在伊稚斜桌上摊开投降时所携的军事地图，指出，目前汉军强盛，卫青又当盛年，匈奴连吃败仗、士气低落，已在心理上觉得不是卫青对手。不如暂时退往漠北，兵不入塞，只寻机将汉军诱入腹地即可。汉军远来，必然疲惫，到时组织一次令对方措手不及的突袭，必获全胜。伊稚斜采纳了赵信之言，果然退回漠北，不再侵扰汉境。

然而，赵信虽为大汉翕侯，终究还是头脑简单的武将，看不到、也理解不到帝国深处的窘境。武帝连续七年，年年用兵，庞大的军费开支已掏空了国库，现在到了苦苦支撑的阶段。为扩大财政收入，朝廷竟下令，允许吏民以钱买官，滥觞于后世的卖官鬻爵之弊由此开始。不过，得知匈奴兵回漠北，武帝终于可以喘口气来休养生息了。

汉匈之间，出现了暂时的和平。

身为一代雄主，武帝自然不会因为匈奴的暂时息战而松弛警戒。震动海内的霍去病首战如卫青的首战一样，给了他极深的印象。

武帝不会像普通臣民一样，只关注霍去病的威风八面。他反复思考着霍去病与卫青的区别。霍去病的战术，似乎打开了军事领域一扇崭新的大门，他做到了"以少胜多"和"长途闪袭"。

不过，是不是运气呢？

武帝沉思良久，慢慢摇头。是的，运气与否，需要再一次证明。现在匈奴退往漠北，整个国家可以腾出手来，一边休养生息，一边再训军队。伊稚斜不再犯境，以为朕就看不出你的意图？好！你腾出了空间，朕就主动来占据你的空间！速度对于进攻方的价值，你不明白，可朕已经懂得。这么多年了，朕从未主动出击过一次，现在主动权已由朕掌握！被人狩猎的滋味，该轮到你来尝一尝了。

武帝常常去郊外狩猎，喜获一只白麒麟。众人都说这是祥瑞。于是武帝再度改元为"元狩"。这一年，适逢皇长子七岁，武帝陷入沉思，朕七岁被立为太子，朕就在元狩元年也立七岁的据儿为太子。朕要他记住，大汉江山，永远不可再做他人猎物！

2

转眼到了元狩二年（前121）春天，此时太子已立，国库也渐渐充盈起来，国势更为强盛。远在漠北的匈奴始终没半分动静。武帝当然知道，在自己休养生息的表面之下，仍练兵不止，难道匈奴人会在漠北牧马放羊？

当然不会！匈奴是把插在鞘里的利刃，迟早会拔出。先发制人，后发制于人。如今兵强马壮的汉帝国不允许被动应战的局面再次出现。

到自己出手的时候了。

军士与后勤物资的调动，全部有条不紊地完成。

择定出兵的日子也越来越近了，士气一日比一日旺盛的汉军忽然被一个消息震动——大将军卫青又一次病倒了。

节骨眼上，全军统帅病倒，无异于自己的要害被狠击了一拳。

卫青躺在床上，平阳公主亲自熬药。

病来如山倒，卫青连从床头坐起的力气也没有。面对大汉真正意义上的第一次主动出击，卫青仰天长叹："老天怎如此待我！"

平阳公主在床前侍候，嘴上安慰，眼中垂泪，武帝派遣的宫中御医也束手无策。

卫青这一次发病，比数年前那次更猛。

武帝听到御医回报的消息，眉头微皱。军事不可更改。调兵遣将的消息难免被匈奴发觉，若再来一次被动出击，武帝无法忍受。他眉头皱过之后，迅速下旨，此次出征，命年仅二十岁的霍去病为全军之首，兵出陇西。

在武帝心里，卫青不能出征自然惋惜，但他更想看看霍去病的战术是否比卫青更为有效。他相信，霍去病会给他想要的结果。

<h2 style="text-align:center">3</h2>

汉军出发之后，长安多日春雨连绵。卫青夜夜躺在床上，难以合眼，等候天明。卫青与武帝不同，他是为开疆拓土而生的军人，他要度过的，是征战沙场的一生。如今国家用人之际，他却缠绵病榻，现在唯一翘望的，便是外甥出征带回的消息。

等待的日子总是显得无比漫长。但他并没有等待多久，仅仅十日，消息便来——霍去病取得大捷。

霍去病出陇西之后，短短六日，便以雷霆电闪般的速度，横越有"甘凉咽喉"之称的焉支山脉，千里奔袭，与猝不及防的匈奴短兵相接。霍去病一马当先，杀折兰王，斩卢胡王，匈奴二王全军覆没；紧接着，万骑汉军马不停蹄，随霍去病迎战匈奴浑邪王与休屠王。仅仅一仗，浑邪王王子、相国及都尉俱成汉军俘虏。霍去病纵横疆场，率军砍下八千多颗匈奴首级，连休屠王用来祭天的金人也成为汉军顺手捡起的一件战利品。

长戈指天的霍去病笑傲还朝。

卫青激动得难以抑制，喃喃地对妻子说道："有去病在，大汉江山终将稳固了！"

平阳公主凝视着丈夫，柔声说道："夫君好生养病，大汉江山，也少不了夫君。"

卫青勉力一笑，声音嘶哑地说道："这场大病，迄今无好转之象，我怕是赶不上下一仗了。"

卫青已经料到，霍去病此仗沸腾海内，武帝绝不会就此罢手。

4

果然，休整两月，春去夏来，武帝增强军力，一万变数万，颁旨命霍去病与公孙敖为第二番出征主将。另外令从西域归来、封为博望侯的张骞和郎中令李广兵出右北平，两路出击，夹攻匈奴。

这一次，霍去病将他的长途闪袭发挥得淋漓尽致。按原计划，霍去病所部应在深入匈奴两千里后与公孙敖汇合。公孙敖却在行军中迷失路径，无法与霍去病取得联系。霍去病不再等候，率部下骑勇马踏狂风、长驱直入，以难以置信的速度越过居延泽（今内蒙古自治区阿拉善盟额济纳旗），再过小月氏（今甘肃及青海一带），第一次将汉军人马带到了终年积雪的祁连山下。

手忙脚乱的匈奴仓促迎战。

此刻的霍去病以气吞山河之势，持剑踏阵，在万军丛中任意纵横，率部斩落三万二百余颗匈奴首级，缚单于单桓、酋涂王及相国、都尉等两千五百多人，声震祁连。汉匈交战以来，霍去病此战是最为惊天动地的神威一战。

而卫青也听到了传到长安的匈奴人的悲歌：

亡我祁连山，使我六畜不蕃息！

失我焉支山，使我妇女无颜色！

那一日，卫青听着妻子不自觉哼唱着端药进屋，有些奇怪，问道，"夫人，你唱的是什么？"

平阳公主无意间哼唱，见丈夫问起，才意识到自己在唱，赶紧走到卫青床边坐下，仔细凝视着丈夫，说道："夫君，今天看你气色好多了。"

卫青的确在慢慢好转，低头将汤药喝完，把刚才的问题又问了一遍。

平阳公主笑道："这是从匈奴传来的歌，唱的是去病如何让他们悲伤。"

卫青微笑了一下，说道："匈奴被去病连续击败，怕是没什么还手之力了。来，我今天想到后院走走。"

平阳公主见丈夫日益好转，心中安慰，赶紧伸手将他扶起。卫青好久没下床了，觉得周身仍是无力，不过，此刻的无力不是因为病重，而是因为久卧所致。

5

夫妻二人走到后院。这里曾是霍去病的练武

场。那些千斤石还在、兵器架还在、弓箭还在、骏马还在。院内树上蝉声悠扬，显得更为寂静。卫青左右看看，轻声叹息，说道："太久没有碰这些了。"说罢，弯腰从兵器架上取下弓箭，试着扣弦，竟双臂无力，弓只拉得半满，再也无力拉圆。

平阳公主轻声说道："夫君病体初愈，暂且不要去动这些。"

卫青还没有回答，内屋走过来一个下人，通禀公孙敖前来求见。

卫青心中一喜，赶紧命那下人将公孙敖带至后院。

平阳公主将卫青搀扶坐下，进房回避。

过得片刻，公孙敖大步走来。

卫青见公孙敖一身粗布衣服，不由微愕。

公孙敖走到卫青面前，拱手说道："大将军身体可好？"

卫青将公孙敖上下看了几眼，说道："坐下说话。合骑侯为何如此打扮？"

公孙敖依言坐下，苦笑道："什么合骑侯？我与去病率军出征，因道路迷失，未能与他合军。回朝后天子又要将我按律问斩，幸好这几年被赏赐的战利品颇多，折成万金，今日赎命出牢。公孙敖如今又成庶人了。"

卫青闻言，一时诧异万分，然后叹息道："起落无常，命也，等日后的再起之机吧。"

公孙敖愤愤不平，终于恼声说道："大将军，想我在宫中数十年，得意之时，谁都来巴结，如今失意，数日间没一人去牢中见我。我今日出来，想只有大将军还会认我，就来拜见大将军。这长安，我是真不想再留了。"

卫青微叹道："也不要如此悲观，朝中之人，并非人人如此。"

"我看就是人人如此。"公孙敖脸上不平之色更甚，说道，"就看你这大将军府，当初日日宾客盈门，如今还有几人过来？去病现得天子恩宠，朝中大臣，个个都往冠军侯那里歌功颂德。我不是说去病怎样，是这朝中趋炎附势的小人太多，着实令人鄙夷。"

卫青看看空阔院内，微微笑道："物极必反，居高便危，卫青倒情愿如此。"

决战漠北

1

花开花谢，弹指又是两年。卫青身体早已痊愈。两年里汉匈都各自休养。卫青毕竟是掌管天下兵马的大将军，霍去病风头一时虽健，还是比不了卫青历年所累威望。在武帝眼里，卫青是帅才与重臣；在霍去病眼里，舅舅始终是自己心目中仰视的英雄。舅甥二人，已不知不觉，生出惺惺相惜之感。

霍去病一年两次大捷，始终未能与伊稚斜单于直接交锋。伊稚斜则对屡败于霍去病的浑邪王与休屠王震怒不已，欲将二人问斩，反而迫使浑邪王火并休屠王后投降汉朝。慑于汉军军威，匈奴三十二王先后降汉，从金城河西开始，南山至盐泽，几乎再无边患。伊稚斜如何能咽下这口怨气？他以赵信之谋又开始骚扰边境，企图将汉军诱入腹地。

冷眼旁观匈奴谋划的武帝断然再次发兵，命卫青出定襄、霍去病出代郡，各带五万骑兵，分两路主动攻击。

武帝记得，卫青曾对他说过，有十万铁骑，便可绝匈奴之患。

今天，大汉帝国终于拥有了十余万骑兵。他看向两位主将，在他们的目光中，看到了相同的豪情与决心。

2

霍去病两年未出征，早迫不及待，他手下只有李广之子李敢作为裨将。二人从代郡、右北平出塞之后，霍去病剑指北方，率部如狂风般长驱两千里，横越伊稚斜以为汉军不可能越过的大沙漠，与

卫青一身戎装，准备出征。

伊稚斜近臣章渠劈面相遇。

章渠无法想象汉军会在眼前突然出现，慌乱间被霍去病生擒活捉，霍去病片刻不歇，继续自己闪电般的攻击，诛杀企图挽回颓势的匈奴小王比车耆，直接踏入匈奴左贤王摆开的强大阵势。

霍去病挥戈纵马，于万人中取敌首级。大有父风的李敢也斩将夺旗。汉军越战越勇，击溃左贤王之后，再翻离侯山，渡弓闾河，连战连捷，生擒屯头王和韩王等三人，以及将军、相国、当户、都尉等八十三人，斩杀和俘虏的匈奴军士竟达前所未有的七万零四百四十三名。

硝烟终于散尽，血色黄昏笼罩着无边无际的大漠。霍去病回望囚车里曾经不可一世，如今垂头丧气的匈奴王侯，再看看身后血染征袍的将士，手指着远方一条山脉，说道："今日我大汉天威到此，我要在此祭天封山！"说罢，霍去病提缰纵马，率众奔向那条被称作狼居胥山的山脉，隆重祭告天神，又在另一条叫作姑衍山的地方郑重祭地。

拜祭封山完毕，霍去病独自登上高山，远望夜色开始变浓的无尽长空与沙漠。

独立山头的霍去病傲然环顾，他不会想到，从这一天开始，因他而生的"封狼居胥"四字，成为后世每一位军人的至高梦想。

此一役，匈奴不敢窥阴山；此一役，霍去病青史留名！

3

出定襄的卫青不像霍去病那样信奉长途奔袭。他已从一匈奴俘虏口中得知，在其前方严阵以待的，正是匈奴伊稚斜单于本人。在伊稚斜眼里，霍去病固然勇猛，毕竟是后起之秀。堪称一代帅才的卫青才是他毕生想要驱散的噩梦。

伊稚斜单于精兵尽出，要与卫青一决雌雄。

与霍去病一往无前的奔袭不同，卫青知道自己面对的是匈奴精锐，必须稳中取胜。在其手下，有郎中令李广任前将军，太仆公孙贺任左将军，主爵都尉赵食其任右将军，平阳侯曹襄任后将军，另外还有失侯位再次随军的校尉公孙敖等人。

排兵布阵之前，李广亲自到卫青帐前请命，想以前将军身份充当先锋，与单于决一死战。卫青断然，拒绝了李广的要求，只命李广和赵食其合军，出东道进行迂回。

李广按捺不住，勃然大怒，对卫青喊道："我从十几岁就开始与匈奴交手，自信对其了如指掌难道以我数十年的资历，没资格做先锋吗？"

卫青冷冷看着对方，只慢慢说了一句："将军年岁已高，卫青尊敬你的资历，可在军中，你必须服从我的命令！"

李广只觉怒气填胸，愤慨地退出军帐。

卫青亲自领军，出定襄后未遇到任何匈奴部队。霍去病长驱直入的消息时时传来。卫青也不由加快了行军速度。终于，在出塞千里之后，与伊稚斜部队迎面相逢。

其时，大漠陡然阴霾滚滚，一阵接一阵的狂风似乎预示了一场恶战的来临。

伊稚斜陈兵向南，他手下一字排开的精锐等待已久。军中的杀气犹如饱含闪电的乌云，在沙漠上沉沉移动。

卫青前军看到浓烈的杀气扑面而来。狂风激起的沙尘转眼间变成猛烈的飞沙走石。沙石迅速遮蔽了最后的日光，只有地平线上的残阳如血。

卫青一声令下，首次出现在战场的武刚车环环相扣，结成营地。随后从营门中，五千大汉军骑踏沙而出，朝伊稚斜的阵营冲去。伊稚斜手中令旗挥动，蓄势已久的万骑匈奴同声呐喊，前来接战。

五千对一万，汉军弱势明显，但就在双方各自扑向对方之时，大漠上狂风陡然加剧，滚滚黑云压地，茫茫大漠，四面八方无处不是狂沙，击打在双方骑兵的脸上，竟使得双方都无法看清楚敌人究竟在何处。

后方压阵的卫青见此情形，果断下令，命两路大军一左一右，展开为翼，如鹰鹫般向单于包围而去。此刻的伊稚斜眼见前方一片混乱，只听见惊天动地的喊杀之声，看不见自己的骑兵究竟处在一个什么样的境地。傍晚，伊稚斜看到了陡然袭来的汹涌汉骑。他知道自己瞬间便会被汉军合围，不禁心胆俱裂。

"伊稚斜下马受降！"震耳欲聋的喊声掩盖了

沙漠狂风。伊稚斜再也无心恋战，催动六匹骡子拉动的指挥车，急速奔逃，他身边的几百护驾铁骑也紧急掉头，冲开汉军形成的包围圈，往西北方向落荒而逃。

整整一夜，狂风不息，卫青没有料到，双方胜负未分之际，匈奴单于竟会遁逃。待他发现时，立刻亲自率队，追击伊稚斜。在战场上的匈奴兵听得伊稚斜已经逃走，哪里还有斗志？纷纷溃散。卫青马不停蹄地追赶了一夜，终究没有追上伊稚斜。

当他率轻骑越过窴颜山后，眼前出现了一座匈奴城池。早有人前来报告，该城池竟然是以降将赵信命名的赵信城。此刻汉军士气如虹，无可阻挡，赵信城转眼便被拿下。卫青统计战果，此战得匈奴首级万余；赵信城堆积如山的军粮，也尽为卫青所得。

4

按卫青所料，逃走的伊稚斜必然撞上自己事先安排的李广和赵食其的部队。插翅难飞的伊稚斜必成李广和赵食其的瓮中之鳖。不料，当卫青得胜回转，南下再次越过沙漠之后，竟发现李广和赵食其居然还在沙漠之南，既没有参与和匈奴的交战，更谈不上追获伊稚斜。

平素极少发怒的卫青终于忍耐不住。对他来说，这是与伊稚斜的直接交锋，如果李广、赵食其按自己军令行事，必然或俘或斩伊稚斜于万军之中。卫青即刻派出长史，去李广、赵食其军中问责。李广、赵食其未能按卫青军令及时迁回，情知要做论罪处置。

赵食其不敢抗议。李广本来就不想接受东行之令。他们未及时赶到，是因为在迁回中迷失道路。面对长史责问，李广又羞又气，半天说不出一句话。

延误军期，论罪非小。李广心中压抑，再也控制不住愤怒，对长史说道："本将手下的校尉个个无罪，是我失道误期，我一个人担罪便是！"

李广走出营帐，他手下的将士也知李广此次将是重罪加身——两年前的公孙敖不也是因为迷失道路，未能与霍去病会师而被判死罪吗？

漠风吹起，天地苍凉。李广看着面前个个面有不甘与无奈的将士，忍不住英雄泪涌出眼眶。眼前的沙漠和沙漠深处的匈奴是他毕生渴望征服的对手。如今不仅眼睁睁失去机会，还将蒙受论罪的屈辱。

李广站于帐前，手按佩刀，悲声说道："李广自束发之年开始戎马征战，至今与匈奴大小七十余战，从来有进无退。今日随大将军出征，原本欲破匈奴、擒单于，与帐中诸将立不世之功。可大将军拒我先锋之请，转令东行，不料迷失道路，痛失战机，岂非天意哉！"

将士们听李广声含悲壮，无不动容。只听他继续说道："李广今年已过六十，怎可向一后生小辈乞怜求生？罢了！今日便是李广的死期！"说罢，就见李广拔出腰间佩刀，众将士只觉眼前寒光一闪，那刀刃已朝李广颈上抹去。

众人惊呼声中，李广喉部鲜血喷涌，立时倒毙于地。

一代名将，竟如此陨落，怎能不令人痛惜！"将军！将军！"震天的呼喊声李广再也听不到了，所有将士不禁伏地大哭。

陡然间尘沙蔽日，大漠狂风又猛烈地阵阵吹过。

"哗啦"一声，得知消息的卫青将手中酒撒地为祭之后，又一把将酒杯掷地，抬头仰天，悲声喊道："飞将军啊，你何必如此！"

话音未落，卫青已泪下如雨。

亢龙有悔

1

武帝元狩四年（前119）的这一战，实乃武帝志在一劳永逸、剿覆匈奴的倾国之战。卫青、霍去病双马齐出，横扫匈奴近九万精锐。此战之后，"匈奴远遁，漠南无王庭"的局面终致形成。河朔以西，尽为汉地。匈奴一蹶不振，武帝志得意满，大赏立功之人。

光芒四射的霍去病益封五千八百户，裨将李敢也终于实现父愿，被赐爵关内侯。然而李广之死，终究为这场胜利抹上了挥之不去的悲色。早在汉文帝时期，亲眼见过李广武功的文帝就叹息道："可惜你生不逢时，若在高祖平天下之时出现，封个万户侯，易如探囊取物。"

文帝一语成谶。历经三朝的李广始终未能封侯，也许，这就是人人无可抗拒的命数使然。

武帝封赏完霍去病及其部下，转向卫青，脸色颇为冷淡。卫青虽取得胜利，然而战果不仅远逊霍去病，还眼睁睁让伊稚斜溜走。功过相抵，不予封赏，连同卫青所带部属，没有一个因此战而晋爵封侯，未能汇合卫青的赵食其罪该斩首，交纳赎金后被贬为庶人。

公孙敖愤愤不平，随同卫青回府后便说道："天子大量封赏冠军侯，大将军这里却无半分赏赐，实在太不公平！"

卫青命公孙敖坐下，凝视着他说道："今日朝上，陛下与冠军侯的对话你听清楚了吗？"

公孙敖一愣，说道："什么话？不就是益封五千八百户么？还有什么？"

卫青脸上微笑，站起来，背手踱步，说道："天子要给去病赏赐侯府，去病的回答是'匈奴未灭，何以家为'。当今天下，谁还有冠军侯如此气概!"卫青凝望窗外，出神片刻，才转身对公孙敖说道："我虽是他舅舅，也是由衷钦服。大汉有去病这样的人，江山才可永固无虞啊。个人得失，又算得了什么？更何况，此次出征，去病一路，胜得酣畅淋漓，我这一路，实在憾事良多，尤其李广将军自刎而死，令人思之悲痛，唉！"

公孙敖默然无语。

2

卫青叹息李广之死，不料李广之子李敢对他心怀怨愤，某日终于按捺不住，先喝得七八分醉了，以酒壮胆，直接冲进卫青的大将军府。

卫青见李敢脸色不善，只淡淡地问李敢前来何事？李敢怒声说道："我父亲戎马一生，为大汉立下如许功劳，你为何要逼死我父？"

卫青眉头一皱，说道："关内侯喝醉了吧？岂不知国有国法，军有军规，我素来敬服你父，如何会去逼他？"

李敢眼中滚下热泪，狂呼道："若你不逼他，我父怎么会自杀？"

说罢，李敢几乎忘记了面前的卫青是大将军，顺手拿起桌上的一只酒杯，狠狠掷向卫青。从未有部属敢对自己不敬的卫青始料不及，偏头想避，因距离实在太近，那酒杯重重砸在卫青额头，顿时血流如注。

卫青伸手抹去血迹，冷冷望着李敢。

李敢陡然间清醒过来，如此犯上，必是死罪无疑。李敢也被自己的行为惊住了。卫青的亲信军士从震惊中醒过神来，立时冲上前，左右扭住李敢。

卫青凝视李敢，终于挥手道："算了，松开，让关内侯回去吧。"

李敢走后，卫青叹息一声，嘱咐道："此事到此为止，不可声张！"

事情却没有"到此为止"，只过一日，霍去病来看舅舅，见数日前还好端端的卫青额上出现伤口，连连追问。

卫青知外甥性情暴烈，不肯告知，岂料霍去病已雷霆大怒。卫青位极人臣，出现的伤口又显是他人所为。除了武帝，任何人对卫青动手，都是以下犯上。再则，卫青始终是霍去病唯一敬仰之人，是可忍孰不可忍？当即追问卫青府上军士。那些军士如何敢在杀人如麻的冠军侯面前隐瞒？便将李敢登门伤人之事，一五一十地说了出来。

霍去病怒不可遏，李敢虽有侯位，却仍是自己麾下部将，竟敢对卫青如此冲撞，那还了得？恰好武帝传令，命霍去病陪自己前往甘泉宫打猎为戏。霍去病即刻命李敢随行。李敢虽预知不妙，却也不敢不从，便与霍去病同往甘泉宫。霍去病一见李敢，怒火难抑，在猎场竟直接弯弓一箭，射向李敢。李敢当即中箭身亡。

大惊之下的武帝问询后才得知原因。霍去病射杀关内侯，自然也是大罪。然而武帝实是太爱霍去病了，为封住群臣的口，竟宣布李敢是被鹿角所触而亡。

卫青得知李敢死讯，极是悲伤。他虽没在甘泉宫现场，也能料到李敢之死与霍去病有直接关系，但武帝既说李敢是触鹿角而亡，他也无法为李敢申辩，心中愈发郁结。

如今的武帝对卫青已日渐冷落。卫青虽为大将军，武帝却又封霍去病为大司马，与卫青平起平坐。表面上看，武帝是因功授封霍去病，实则是将卫青实权进行毫不留情地瓦解。尤其此时的卫子夫已朱颜辞镜，武帝的后宫之宠已转移到了贰师将军李广利的妹妹李夫人身上。对卫子夫来说，好在儿子刘据已被立为太子，弟弟卫青虽遭冷落，仍是当朝大将军兼皇帝姐夫，尚足可稳住皇后之位。

3

霍去病终究年少，对朝廷权力的汹涌暗流并无多大感觉。把武帝给他的种种封赏，都看作必然。另外也不能更深地意识到，自己乃卫青外甥，实际上也是卫氏外戚核心。

身为一代名将，霍去病对卫青由衷崇敬，事事与卫青保持一致。所以，无论武帝如何欲将卫青分权，始终动摇不了卫青在朝中的地位。更何况卫青久在军中，威望无人能及。武帝内心又如何不知卫青势力庞大？作为史上罕见的铁腕君主，武帝并不担心外戚之患，卫青本人的仁义性格与退让之举也令武帝颇为放心。

但卫青没有想到，武帝也没有想到，在霍去病箭杀李敢的第二年（前117），二十四岁的霍去病竟然突染重病，武帝接连派出御医，奈何群医尽皆束手无策。

当难以置信的噩耗传来，武帝震惊，朝廷震惊，卫青震惊，后宫震惊。

根据武帝的特别旨意，霍去病坟墓被修成祁连山形状，以此纪念霍去病马踏祁连的不世之功，并赐谥号于这位千古罕见的勇将为"景桓"。

待霍去病下葬之日，武帝再次下旨，命边境五郡的铁骑，从长安到茂陵，排列成阵，前往祭奠。自然，率文武百官之人非卫青莫属。

当日万旗飘飞，寒风袭人。卫青在百官之前，将三杯热酒撒在墓前，嘴里喃喃说道："去病，你生为驱匈奴之将，死卧祁连状之冢，丰功伟业，当为世人铭记！"言毕，卫青泪水长流，将霍去病生前长戈横托，郑重放于墓前，随后百官齐拜。

长矛上飘飞着白绫的五郡铁骑同时举戈呐喊。平原深处，猎猎有声的寒风席地吹来，仿佛霍去病生前纵马疆场的英姿仍在天地间往来驰骋。

4

回府之后，平阳公主见丈夫仍是悲伤难抑，也不知如何安慰。

卫青在椅中坐下，缓缓说道："去病如此年轻便亡故，令人痛惜。如今匈奴元气难复，大汉臣民，终于可以享受太平日子了。卫青行伍出身，对朝中之事不甚了了，我想以后在家多陪夫人。天子雄才大略，我去朝廷也是无益，其中是非，更是不想参与。"

平阳公主心中叹息，也不说话。卫青抬头凝视妻子，继续说道："一个人纵有天大的权力，又岂可抵挡死神？陛下也已恩准，从今以后，卫青便在府中与夫人相对，我不欲再管事了。"

平阳公主见丈夫意兴萧索，虽感难受，然而听到丈夫说以后多在府中，又不禁悲中有喜，当下握住卫青双手，说道："夫君在府，惟愿日日相陪。"

落 幕

1

从那以后，卫青果然长居府中。

霍去病亡故第二年，武帝偶获一尊宝鼎，心中欢喜，便将年号改为"元鼎"。

也就在元鼎元年（前116）某日，公孙敖急匆匆赶往卫青府邸。

卫青见公孙敖脸色惊慌，颇为诧异——当年公孙敖被两判死罪时也未如此刻一般惊慌。

公孙敖甫一落座，一边擦拭额头汗珠，一边声音发抖地说道："大将军，宜春侯出事了！"

卫青猝然一惊。宜春侯便是元朔五年（前

124），自己大破匈奴右贤王受封大将军之时，被赐封为侯的长子卫伉。

卫青急问："伉儿出了何事？"

公孙敖脸色苍白，说道："宜春侯罪乃'矫制不害'！"

卫青顿时脸色大变，站了起来，双手哆嗦，说道："伉儿怎如此大胆！"

所谓"矫制"，便是假传圣命；所谓"不害"，是未造成恶劣后果。

即便如此，身犯矫制，也实乃天大之罪。

卫青哪里还坐得住？当即前往未央宫，求见武帝。

武帝看着跪在面前的卫青，伸手将其扶起，说道："大将军请起。"

卫青站起身来，声音仍是控制不住地发抖，说道："陛下，臣教子无方，特来请罪！"

武帝抬头望着宫门，皱眉沉思片刻，再眼望卫青。他时方盛年，却已两鬓斑白。武帝冷眼凝视卫青片刻，终于长声叹道："朕知宜春侯之事，与大将军无关，可宜春侯敢犯矫制之罪，难道不是自恃有大将军威权撑腰？"

卫青只觉后背冷汗淋漓，躬身道："臣知罪。"

武帝冷冷一笑，说道："朕还不是昏君吧？大将军未曾矫制，何罪之有？"说罢，武帝转身，慢步走到御桌前，伸手抚案，说道："大将军戎车七征，破匈奴，通西域，功比韩信。朕昨日已命中郎将张骞出使乌孙，此亦大将军战功所致。这样吧，宜春侯虽犯矫制，未有恶果，朕今免去其侯位，此事就此作罢。大将军可以回去了。"

卫青回到府上，仍是冷汗不断。今日武帝只免去卫伉侯位，真算得上法外开恩。在卫青这里，却知道这是皇帝对卫氏一门敲响的警钟。

2

卫青三子各有封地。卫伉免侯之日，卫青派出亲信，分赴三子封地，严令三子"奉法遵职"。卫青想起当年苏建曾建议自己府中养士，不禁后怕，对平阳公主说道："当年丞相窦婴和田蚡厚待宾客，时令天子切齿，为人臣者，奉法遵职便可。窦婴以'伪诏书之罪'被斩，至今思之犹栗。今匈奴不再为寇，唯盼三子能好自为之了。"

平阳公主柔声说道："夫君忠心为国，陛下岂会不知？"

卫青叹息一声，起步走到窗前，眼望外面沉沉夜幕。

夜色中不再有刀戈林立，卫青却感觉比当年的大漠之夜更加沉重。

卫青担心之事终于还是来了。元鼎五年（前112）九月，卫青另外两个儿子阴安侯卫不疑和发干侯卫登又同犯"酎金"成色不足和分量不够之罪，被夺侯位。

所谓"酎金"，是王侯在天子祭祀宗庙时，助祭宗庙的献金。天子亲临受金，检查成色，若发现成色不足或分量不够，献金者便将面临失侯之罚。当时，与卫不疑与卫登一起失侯的多达一百零六人，其中包括随卫青立下军功封侯的公孙贺、韩说、赵破奴等人。

与五年前卫伉货真价实的"矫制"相比，朝廷人人都能感觉，武帝此次剥夺如此多的侯位，实有震慑群臣之意。毕竟，军功最易令人自傲。如今匈奴远遁，热衷开疆拓土的武帝将目光转向东越、南越、朝鲜、羌夷等地。对手实无匈奴强大，所以杀鸡焉用牛刀。周围小规模战役用不上卫青这样的大将。武帝的精力不在边关，转到了内廷。

无军功再立的卫青索性闭门谢客。

接下来的消息仍是公孙敖告知卫青："陛下往泰山封禅，带同冠军侯霍嬗。今快马急报已到长安，冠军侯暴病身亡！"

卫青再一次震惊得无以名状。霍嬗乃霍去病之子。自霍去病亡故之后，年仅五岁的霍嬗承袭父亲冠军侯爵位。霍嬗聪明伶俐，备受武帝喜爱，所以去泰山封禅时随同带上。霍嬗病殁时年方十岁，自无后嗣，冠军侯封国遂被武帝下诏废除。时为武帝元封元年（前110）四月。冠军侯封国被废，看起来是因为无人承继所致，实则是武帝对功高权重的外戚进行的一次极为有效的打击。

3

卫青深居家中，不问朝政。武帝自然称心如意。

对卫青来说，唯一令他感到兴奋的事发生在元封四年（前107）夏天。

那日的朝中之事仍是公孙敖登门告之："大将军，今日朝廷大喜！"

卫青见公孙敖难掩兴奋，也来了兴致，只听公孙敖说道："今日匈奴派遣使者来朝，说我大汉从高祖开始，历朝往代，都是遣送公主和刘姓王侯之女与匈奴和亲，才换来数十年汉匈兵戈不举。现匈奴愿依前朝之例，恳盼与大汉天子结为兄弟，并将单于之子遣往长安为质，以示与大汉永结和平的诚意。"

卫青听罢，不禁热泪盈眶。

多少的边关风沙，多少的男儿血泪，多少的长歌悲吟，多少的他乡埋骨，不就是为了此刻的和平吗？强悍的匈奴终于臣服，卫青不禁仰头大笑数声，热泪已忍不住滚滚而下。

公孙敖也激动异常，起身说道："这都是大将军之功啊。"

卫青热泪难止，蓦然纵声长歌。

高歌吟罢，卫青擦泪说道："如今我大汉江山，猛士遍布。造就如此盛势，岂是卫青一人能为？实乃大汉百万男儿，铁骨所铸！"

说到此处，卫青又一次涕泪滂沱。公孙敖陪立其侧，忽觉卫青面容涌上异样潮红。

一股不祥之兆袭来，他还未及说话，就见卫青猛然"哇"地一声，一口鲜血，从嘴中狂喷而出。

"大将军！大将军！"公孙敖大惊失色。一把将身躯倒下的卫青抱住，对门外狂声喊道："快来人啊！快来人啊！"

4

这是卫青第三次发病。

这一次，终于一病不起。

从武帝到朝中百官，听到大将军病重的消息，纷纷前来探望。

卫青躺在病床之上，朦胧中恍惚认出坐在床前之人乃是武帝，勉力微微睁眼，见果然是龙袍裹身的武帝，挣扎着吐出细不可闻的"陛下"二字。

武帝看着卫青，心中忽然一阵感伤。身为天子，他如何不知，正是他们君臣携手，才开创出匈奴远遁漠北的强盛国势。数十年的往事如电光石火，在武帝心中逐一掠过。

武帝缓缓说道："大将军且安心养病，朕今日亲来，还想告知大将军一事，当今太子，性格稳重，有治理天下之才，不会让朕忧虑。"

说到这里，武帝停了停，凝视卫青，又继续说下去："朕之一朝，乃用武安边，待朕百年之后，不会有比太子更适合以文治国的君主了。朕闻皇后和太子在宫中不安，实可释去此念。大将军康愈之后，可将朕意转告他们。"

平阳公主在旁，听得震惊无比。她自然知道，如今丈夫几近退隐，最不放心的便是姐姐卫子夫与太子刘据。朝野、后宫的钩心斗角，平阳公主如何不知其中残酷？卫子夫与刘据所能安稳倚靠的，便是身为大司马并大将军的卫青了。若卫青不在，卫子夫与刘据的地位实是岌岌可危。如今武帝借问候病情之机，特意将此事交代，实是为安抚卫青之心。

卫青勉力睁开双眼，低声道："臣……谢……谢过……陛、陛下。"

武帝不再多言，起驾回宫。

5

这一次发病，卫青再也没有摆脱病榻，到元封五年（前106）冬天，终于病重而逝，时年未满五十岁。

消息传出，大汉三军缟素，痛哭失声。

武帝也感痛惜，当即下旨，将卫青葬地同样选在茂陵，在霍去病墓冢西侧。

霍去病墓状如祁连，卫青墓则像庐山。

对雄才大略的武帝来说，卫青与霍去病的病故，实是对大汉帝国的重大打击。当他眼望朝中的文武百官，不禁觉得，"非常之功，必待非常之人"。卫青与霍去病便是当之无愧的"非常之人"。二人空出的位置竟然无人可代。武帝痛感人才凋零，迅速下诏求贤，"其令州郡察吏民有茂才异等可为将相及使绝国者"。

可惜的是，无论武帝本人具有何等雄才大略，终还是没能意识到，卫青的去世，实则是结束了武帝一朝的英雄时代。在沧海横流、边关激荡之际，唯有挺身而出的英雄，才可将一个时代带向巅峰。当英雄凋零，便意味一个没有英雄的时代登场。所以，在武帝后期，酷吏握权，奸臣当道，最后竟导致太子刘据被巫蛊陷害，被逼起兵后终至自杀，卫子夫也被诏夺皇后玺绶。不堪受辱的卫子夫选择了以死明志。

曾经煊赫一时的卫氏一门，终于走向了悲剧的深渊。

翻过历史的每一页，都时不时令人感到沉重。唯有属于英雄的册页，才能产生一股热血，令人心激动。英雄是每个时代最耀眼的火花。正如卫青，千载之下，仍能激起人们"愿将腰下剑，直为斩楼兰"的旷世豪情。

卫青 生平简表

●◎汉武帝建元二年（前139）

卫子夫入宫，卫青进建章宫，约十五岁。

●◎建元三年（前138）

因卫子夫怀孕，大长公主欲杀卫青，被公孙敖救出。卫青被任命为建章监，并加侍中。

●◎元光六年（前129）

卫青率军直捣匈奴龙城，取得汉朝对匈奴主动进攻的首次胜利，赐爵关内侯。

●◎ 元朔元年（前128）

卫青出雁门战匈奴，大胜。卫子夫生长子刘据，被封为皇后。

●◎ 元朔二年（前127）

卫青收复河朔，受封长平侯。

●◎ 元朔五年（前124）

卫青击败匈奴右贤王，于军中被拜为大将军。

●◎ 元朔六年（前123）

卫青出定襄，胜匈奴。霍去病首战告捷。

●◎ 元狩四年（前119）

卫青于漠北击败匈奴单于，从此"漠南无王庭"。

●◎ **元封五年**（前106）

卫青病逝，葬于茂陵，谥曰"烈侯"。